澄心清意

澄心文化

阅读致远

寻踪索姆河

The Missing of the Somme

[英] 杰夫·戴尔／著
康素香 周燕／译

浙江文艺出版社
Zhejiang Literature & Art Publishing House

图书在版编目（CIP）数据

寻踪索姆河 / （英）杰夫・戴尔著；康素香，周燕译. —杭州：浙江文艺出版社，2021.4
ISBN 978-7-5339-6603-4

Ⅰ.①寻… Ⅱ.①杰… ②康… ③周… Ⅲ.①第一次世界大战—文集 Ⅳ.①K143-53

中国版本图书馆CIP数据核字（2021）第154362号

责任编辑 周 易 竹 嫄
装帧设计 棱角视觉
责任印制 吴春娟
营销编辑 张恩惠
数字编辑 姜梦冉

寻踪索姆河
[英] 杰夫・戴尔 著 康素香 周燕 译

出版发行 浙江文艺出版社
地 址 杭州市体育场路347号
邮 编 310006
电 话 0571-85176953（总编办）
0571-85152727（市场部）
制 版 杭州天一图文制作有限公司
印 刷 浙江海虹彩色印务有限公司
开 本 787毫米×1092毫米 1/32
字 数 111千字
印 张 6.875
插 页 5
版 次 2021年4月第1版
印 次 2021年4月第1次印刷
书 号 ISBN 978-7-5339-6603-4
定 价 59.00元

献给我的母亲和父亲

小时候，祖父曾带我去过自然历史博物馆。我们看到了各种动物，有爬行动物，还有鲨鱼，而如今，我最清晰的记忆却是玻璃匣子里那一排排长短不一、大小各异的蝴蝶标本。一张张小卡片上详细地记录着每个参展样本的名字。

一排排、一行行，鲜艳又齐整，似勋带一般。

“每个壁炉架上都有常春藤缠绕的照片，照片上的人一如既往地微笑着……”

落灰，膨胀，老旧。这些相册都是一样的，一样的脸庞、一样的照片。战火波及每个家庭，而每个家庭都有这样一本相册。就连在准备翻开相册时，观看相册这一举动也不及由此而发的情感来得激动人心。看着这些图像，我们仿佛是在读一首看此图像的诗。

我翻过灰暗、沉重的那几页。灰尘散发出老照片的味道。

逝去的人曾排着队参军。队伍穿过黑暗的城镇，消失在相框的边缘。之后，有些人出现在照片上的医院里，或行军出征，或渐渐痊愈，两者之间毫无间隙。照片上近在咫尺的乡村似乎总是空荡荡的，像是缺席者的登记簿。干燥的石墙和干涸的河流，个人肖像和群体画像，军官和其他军衔，受欢迎的和不受欢迎的，全都无法区分开来。

“记忆存在斑点，”厄普代克写道，“好似把显色剂洒在影片上，而不是把影片浸在其中。”每张照片都破碎不堪、污渍斑斑。照片的损毁看起来像是承载了记忆。而有些照片渗入了白光，附着在画像上，消磨了图案。其他的颜色渐褪：记录“遗忘”的照片。最终，除了一片空白，什么都留不下来。

一个戴着圆框眼镜、穿着长制服的护士（底下有祖母用完美的字体写下的“我”字）。医院里有一群人。两个人眼睛上裹着布条，三个人手臂被吊了起来。其中一个穿着破烂的灰西装，没有腿，袖子在手肘处缝上了口。一个神情严肃的修女站在后排的一端，照片下方都标明了各自的名字。后排左边第二个人是我母亲的父亲。

外祖父是非婚生子，出生于什罗普郡沃森村，距离威尔弗雷德·欧文（Wilfred Owen）出生的奥斯威斯特里村18英里。他是个农场工人，只会读写自己的名字。他1914年入伍，在法国的索姆省当马车夫。据家族传说，他曾代替一个临时退缩的朋友去前线战壕。后来回到储备壕，他把好友的尸体铲到沙袋中（每个家庭都有这样的相册，每个家庭也有同一则传奇各自的版本）。1919年，他回到什罗普郡，继续过自己的生活。

工作，上战场，结婚，再工作。

他91岁去世时，仍只能写自己的名字。

关于外祖父的这一切，我说的都是实话。除了他不是照片上左起第二个人这一点，我不知道他是谁。这并不重要。他可以是任何人的外祖父。

正如很多年轻人一样，外祖父应征时还未达到规定年龄。征兵员告诉他，等过几天他多长两岁了再来应征。外祖父依约再来，在年龄上多加了几岁，于是顺利入伍。

征兵的奇闻逸事中经常有类似的桥段，但我从不怀疑它的真实性，多年以来，我妈妈给我讲了无数回。然而，当我发现外祖父的死亡证明上写着他出生于1893年11月（跟欧文同一年）时，我有些惊讶。也就是说，战争爆发那年，他已经20岁了。但这个被1914年的那代人广泛流传的故事已经完全被我家人采纳，以致它已成为外祖父生平的一部分。

他是我们每个人的外祖父。

早上七点半，索姆河流域迷雾缭绕，树木投下斑驳的影子。一切都静止了。电线垂了下来，消失在遥远的篱笆处。鸟声似有若无。只有道路才知晓自己通往何方。

我停下来享用早餐——一个苹果、一个香蕉、纸盒包装的酸奶——看看昨天买的地图。一个朋友从巴黎开车来加来赶黎明轮渡，顺道捎我一程到亚眠。从那儿，我再搭去往阿尔伯特的车，因为从我新买的地图上看，阿尔伯特是离我大概记得名字的村庄（波蒙阿麦、马梅斯、波济耶尔……）最近的车站。我想参观索姆省的公墓，但我不清楚它们长什么样，也不知道哪些值得观赏。地图上靠近蒂耶普瓦勒的地方用粗体字写着“英国纪念区”。早上开始搭车时，我并不知道自己会遇见什么、要去哪里——现在也是，我只知道今天会去蒂耶普瓦勒。现在，我把东西都塞回帆布背包，继续步行。

正如预报所说，一小时内，迷雾开始消散，田野的缓坡展露在眼前。油菜花闪着微弱的光芒。平坦的斜坡出现了。我走向一个大墓园，几乎看不见最远处的那几排墓碑。

一堵时而被迷雾遮蔽的矮墙将这个墓园与周边的田野隔开。靠近墙的地方是一个大十字架，布满青苔，污迹斑斑，似树干一般。虚掩的大门发出声响，惊得鸟儿飞离又飞回。沙砾在脚下咯咯作响。近门处，一块灰白的祭坛模样的大石头水平放置着，上面写着：

他们的名字永世长存

大石与十字架中间是一排排白色的墓碑，周围青草环绕。紫色、暗红色、金黄色的花儿点缀其间。

大多数墓碑上只刻着所属的军团、姓名、军衔和战死日期（及出处），有些还有年龄。偶尔还有一些名言佳句，但这种煞费苦心的“圣经”式感伤显得空泛多余，没能为这些样式统一的墓碑增添或减少丝毫的情感。有些墓碑甚至连名字都没有：

大战中的

一名士兵

唯有上帝知其名

十字架中间有一把垂直向下的铜剑，指向地面。迷雾渐渐散去，十字架隐约可以投下影子，一道更深的阴影，模模糊糊，好像不在那儿似的。阳光似有若无。

墓园左手边的一道高墙是用来纪念“阵亡于1916年9月至10月索姆河战役”的不知葬身何处的新西兰士兵的，整面墙上刻着1205个名字。

大门旁边有一本游客手册和墓园登记簿。墓园的名字是卡特彼勒谷，5539个人葬在此地。

“我们会记得他们”

大战切断了历史的延续，破坏了过去的遗产。当温德汉姆·路易斯（Wyndham Lewis）称这场战争为“世界史的转折点”时，便开始出现此类定调。但也有人认为（至少一些英国人这么觉得），战争在毁坏一切的同时也记载了历史的发生。后人会透过第一次世界大战的视角来看待1914年之前的十五年生活，这是不可避免的。战争粉碎了过去，却也将过去**视作往事保存了下来**。它把我们引入了一个动荡未知的将来，于是也让我们永远记住了那个安稳笃定的过去。

当然，实际情况没有我们在1914年前自发笃定相信的那样稳定。在当今的很多观察员看来，一战抹黑了过去，也暴露了先前和平之中暗藏的暴力。八十年来，这种畏缩却又渐长的暴力几乎完全从我们对战前时期的认知中过滤掉了。提倡女性参政的抗议者、阶级动乱、罢工、爱尔兰一触即发的内战——全都被战争漫长且哀伤的阴影遮蔽，得到了缓解。

也许欧洲文明“早在被战争摧毁前就已经崩塌了”，但我们之所以能对爱德华时代的平静拥有深刻长久的印象，却全都是因为之后发生的那场大屠杀。甚至连1914年那个光荣的夏天都是源于之后的灾难。

约翰·赫伊津哈（Johan Huizinga）写下了一段打动人心的话，他劝诫历史学家：

> 要对议题保持自由意志论的观点。他必须时时将自己放在过去的某个时间节点，在这个时间点上，已知的因素也可能产生不同的结果。

不过，历史并未覆盖到每个事件。站在不同的立场就会有摇摆——1914至1918年间，这些摇摆达到了最严重的地步。看着诺曼底登陆的电影片段，我们亲历登陆日（D-Day）**当天所发生的事**。历史悬而未决，等着被创造。相比之下，索姆河战役却在战争余波中销声匿迹。“在那个黎明是极乐的”[①]——即使恐惧就在接下来的篇章中埋伏以待，法国大革命初期的狂喜依旧丝毫未减。1914年排队应征入伍的年轻人好似亡灵一般。他们排队等着被屠杀。他们已经死了。用赫伊津哈的话来说，大战敦促我们反向书写历史：一个先有果后有因的故事。

他们将韶华永驻，在我们慢慢变老时：
岁月不该摧残，时光也不能非难。
不论日出日落，
我们会记得他们。

每年战争纪念日（Remembrance Day），都会反复回响起这咒语般的韵律。我们听过这些话，但却几乎没在纸上读到过。我们或多或少已将这些话铭记于心。它们没有被写在纸上，但是却深深地刻在了生活

① 此诗句选自华兹华斯的长诗《追随者眼中法国大革命最初的样子》（*The French Revolution as It Appeared to Enthusiasts at Its Commencement*）。——编者注

中，刻在了整个民族的脑海里。在历史长河中，唯有战争纪念日的催眠魔咒能够唤醒人们对它的记忆。

但是这些话确实**是**劳伦斯·比尼恩（Laurence Binyon）在1914年9月写下的：**早在**阵亡者真正阵亡之前。换句话说，《致阵亡者》不是一部悼念之作，而是一部预言之作，更确切地说，这是关于悼念的预言：预见未来，同时，决定未来。

1917年8月22日，欧内斯特·布鲁克（Ernest Brooks）在伊普尔附近的百利山脊（Pilkem Ridge）拍下了大战中最具标志性的照片之一。落日余晖映衬着一个士兵的背影，士兵的背上扛着一把步枪，低头看

纪念的预示

着已逝战友的墓碑，缅怀不已。一张记录战争的照片——此时正值第三次伊普尔战役（或称帕斯尚尔战役，这个名称更为人所熟知），离停战还有十五个月——也预示了将来人们何以记得这场战争。这是一张属于未来的照片，它讲述对于这场战争的未来观点。这是一张有关比尼恩诗歌的照片，也记录了一种情感。我们会记得他们。

如果我们纪念战争的几种方式早在战争结束前就已确定，那么许多关键因素也早在战争开始前两年的一场戏剧性事件中得到了体现。

1911年11月至1912年1月期间，两队人马——一队是英国人，由海军军官罗伯特·福尔肯·斯科特（Robert Falcon Scott）领衔，另一队是挪威人，由罗尔德·亚孟森（Roald Amundsen）带队——进行的旷日持久的南极之旅竞赛到了最后一个阶段。挪威队靠着猎犬，巧妙地适应了恶劣的环境，在12月15日安全抵达南极。而斯科特的探险队却准备不足，全靠人力拉橇，直到1月17日才到达目的地。这支落败的五人队伍需要长途跋涉800公里才能回到安全地带。到了3月21日，在离最近的食物及燃料供给地还有11公里的地方，三名精疲力竭的探险队幸存者——斯科特、爱德华·威尔逊医生（Dr Edward Wilson ）和亨利·鲍尔斯（Henry Bowers）——搭了个帐篷，熬过了暴风雪。斯科特的决定是最好原地不动，好保有他们现在所争取的记录，而不是死在路上。他们就这样熬过了九天。用罗兰·亨特福德的话来说，斯科特“已经准备从舞台上谢幕了”。他还给后人留下了信件：“我们在给国人树立好榜样。并不是说我们身处困境，而是我们能像男人一样面对逆境。”尽管这次南极之行失败了，但斯科特认为：“这次远征表明了英国人可以战胜艰难困苦，互帮互助，跟以往一样，面对死亡，坚毅不屈。”以英雄的姿态死去的传统夸大了他的个人遭遇，而他的遭遇也将这个传统发扬光大：“我们的事迹仍能表明英国人死而无畏，至死拼搏……我认为这为今后的英国人树立了一个榜样。”

12 月 12 日，救援队在倒塌的帐篷里找到了他们的遗体和文件，很快，斯科特一行人的南极之旅就开始发酵。“他们遭受的苦难，他们对彼此的忠诚，”救援队的一位成员写道，“很快世人们就会知道，他们的事迹并不光是在战场上浴血奋斗，他们赢得了纯正英国人的尊重和推崇。”

事实上，斯科特的刚愎自用和不自量力恰恰说明了从一开始成员之间就摩擦不断。奥兹上尉——一位极为英勇的英国人——曾写道："如果斯科特没能到达南极，那也是他活该。"尽管打着科学考察的名号，斯科特的远征对极地旅行并没有任何贡献，除了强调"人力拉橇荒诞而徒劳"。但是在斯科特身上，徒劳（威尔弗雷德·欧文生前发表的少数诗作的标题）成了英雄主义的重要组成部分。斯科特把远征变成了一场"为了英雄主义而英雄主义"的行为，当他的死讯于第二年1月11日传入英格兰时，这不过是增添了他的哀荣而已。

主题为"献给一场无效的南极远征，一个最糟糕的极地探险家"的追思会在保罗教堂召开。斯科特的失败与纳尔逊[①]在特拉法尔加的胜利比邻相守，成为对英国精神的成功表达。全国上下的人都兴奋不已，不假思索地接受了扭曲、夸张版本的斯科特事件。德文波特（Devonport）海军造船厂的小教堂里的布道强调了这是"一次光荣的自我牺牲，一次失败的礼赞"。

① 霍雷肖·纳尔逊在1805年特拉法尔加战役中被枪杀，这是他死前的最后一次胜利。——译者注（若无特殊说明，本书脚注均为译者注）

如今，斯科特所象征的光荣的失败已经成为一种英国精神：一个诠释如何“苦中作乐，将无能伪装成英雄主义”的鲜活例子。

斯科特的事迹预示着大战中更大规模的英勇牺牲这一点无须赘述。正如一位已被遗忘的作家所说：

> 他给国人树立了一个吃苦耐劳的榜样……现在我们中间有很多英雄，很多个斯科特……他们把牺牲看得比获利重要，（而且）我们开始明白从佛兰德斯（Flanders）……浴血的战场站起来是何等的光荣。

1923年的停战纪念日这天，一座战争纪念碑在亨廷顿揭开帷幕。这座雕塑刻的是一位在休息的士兵，他的一只脚抵着背后的墙，托着下巴的左手撑在向前伸出的膝盖上，像是对罗丹的《沉思者》的戏谑模仿；他的另一只手握着步枪，枪口的刺刀倚在身旁。这座塑像是由凯瑟琳·斯科特（Kathleen Scott）雕刻的，她是南极探险家罗伯特·斯科特的遗孀。

早在停战之前，与之类似的纪念碑该如何打造已经经过了广泛的讨论。到了1917年，全国多个协会和俱乐部齐聚一堂，确立合适的纪念方式。[①]20年代初期，整个国家的哀伤被刻成了一个被普遍接受的模样。尽管允许有不同的发挥，但是《康希耳杂志》（*Cornhill Magazine*）反对寓言式的雕塑，而倾向于“简单明了，这样观赏者一眼就能领会到纪念主题伟大又重要，就会想更深入地了解”，于是在1916年草拟了一个样式。

直到战争末期，还是有人反对，觉得纪念碑应该有实际意义，而不是诗意价值。他们觉得医院、住宅、大学更合适。这种提案更符合1945年的气氛，而不是1918年。那时候纪念习语及纪念建筑的需求没有受到实用性的质疑。1945年，这种建筑和习语已经存在了：所需要做的就是添上新的名称和日期。而

① 早在1915年，教会工艺联盟就努力地将死难者家属的虔诚信仰引导至正确的轨道。1916年1月8日，市民艺术协会举行了一次会议，讨论如何最好地缅怀逝者。六个月后，同一个协会组织了“战争纪念品设计展”。同年，皇家艺术研究院召集了具有影响力的建筑师、雕塑家组成委员会，为怀念仪式提供美学方面的指导。第二年6月，各个公共组织在皇家学院讨论，确定为建设纪念物，保护教堂及公共建筑远离不合理对待，建立战争纪念碑共同努力，而不是孤军奋战。——原注

真正的任务是重建被战争摧毁的经济和基础设施。

不管有多少人员伤亡，第二次世界大战都有一个显著的实际意图与目的——在希特勒的死亡集中营影片公开后再回头看，显得格外清晰。但是一战过后，人们想不通为什么要大战，除了上百上千万人牺牲之外，我们又得到了什么呢？相比之下，纪念的任务显得简单起来。

时至今日，世界各地仍在建造着第二次世界大战与大屠杀的纪念工程，而其形式却一直备受争议。二战至今已有五十周年，诸如“轰炸机”哈里斯在伦敦的雕像所引起的争议在第二次世界大战的每个阶段都屡见不鲜。相反，大战的纪念形式很快达成共识并确立了下来。到了1935年左右，公共纪念建筑就完成了。此后建造的纪念碑不多：只是增补了纪念文字。而所需要添加的只有时间：需要时间将过去渗入未来的记忆里，并在未来生根发芽。

我们永远都无法知道大战中具体的死亡人数。法国和德国各有150多万人丧命；俄罗斯损失了200万人。英国有将近75万人在战争中丧生——如果把整个大英帝国的死亡人数都算进去的话，那么死亡人数会上升至100万。

战争期间，死者的尸体通常被随意埋在万人冢。到了1916至1917年的拉锯战，这些万人冢都是在大规模进攻之前挖好的。奔赴前线战壕的途中，原本吟唱着军歌的士兵们在经过这些深坑时变得沉默不语、心灰意冷。那些在持久激战中牺牲的士兵要躺上数月，等到尸体腐烂了才能安葬。也有人被埋在单独的坟墓里，或者临时挖的公墓里。埃德温·路特恩斯爵士（Sir Edwin Lutyens）是负责建造我们今日所见公墓的建筑师之一。1917年，当他在法国访问时，对这些战时匆忙搭建的坟墓感触良多：

> 这些坟墓草草完工，因为需求巨大，考虑的时间太少。一个个坟墓连成一条丝带，就像银河在国土上绵延数公里，那些在这片土地上倒下的人聚到了一起。小十字架丝带一头接着一头，覆盖了整个坟场。茫茫一片当季植物将其包围。一种花开得很盛，这一幕令人陶醉怡然，感伤不已。思索片刻就知道不需要其他的纪念物了。

这种感受稍纵即逝，路特恩斯后来也意识到，未来需要永垂不朽的纪念物。因此休战之后，在帝国战争公墓委员会（the Imperial War Graves Commission）的主持下，开始将坟墓建设成逝者的永久纪念物。[①]

尽管在1920年5月4日的下议院辩论上，抗议声浪到达顶峰，人们认为提案令人发指，而且违反基督教教义，但下议院还是决定不遣返战俘，也不建造私人坟墓。所有的英国及大英帝国士兵就在他们逝世的地方埋葬——或者就埋在原来的地方。不论等级，统一墓碑——毕竟墓碑更便宜，比十字架更容易保存；

思索片刻就知道不需要其他的纪念物了——埃德温·路特恩斯

① 1917年以前，帝国战争公墓委员会名为墓地注册委员会（Graves Registration Commission）；到了1960年，则改名为英联邦战争公墓委员会（Commonwealth War Graves Commission）。——原注

且照顾到了不同的宗教信仰——这样能够达到“死亡上的平等”；每一个已故士兵的名字都会被记录在公墓墓碑上或是纪念物上，因为找不到他们的尸体。每个墓碑的基座上都留有空间，这样死者的子孙后代就可以为他们写下题词。

这样的做法确实没有先例可循，但也绝不是凭空产生。过去几百年里，阵亡者不见得有属于自己的墓地，但从某种程度上来说，大战后的公墓代表了**平民**坟墓设计的发展达到高潮，形成了系统化的应用。这些发展本身象征着自启蒙时代以来，人们对于死亡的态度不断发生改变。当战争之魔退去，正如乔治·莫斯（George Mosse）那振聋发聩的言语所描述的那样，“死亡不再是可怕的死神模样，人们将其视之为永眠”。人们愈加意识到恶劣的卫生环境跟疾病之间的关系——以及腐臭与死亡的联系——所以他们把公墓建在远离喧闹城镇、安静、有树荫、适合安息的环境里。环境和象征意义激起了人们的泛神论思考，而不是忏悔和恐惧。

路特恩斯，赫伯特·贝克爵士（Sir Herbert Baker）及雷金纳德·布罗姆菲尔爵士（Sir Reginald Blomfield）这三位建筑师全权负责执行委员会设立的规则：不分等级的白色墓碑和大战纪念碑，上面题词选自《德训篇》（*Ecclesiasticus*）中的“他们的名字永世长存”［由拉迪亚德·吉卜林（Rudyard Kipling）选定］。路特恩斯希望建立非特定宗派的墓园，但是被迫加上了布罗姆菲尔爵士设计的牺牲十字架（Cross of Sacrifice）：战争之剑架在十字架上，代表了军事与基督教的和解。

战场上散布了太多的坟墓，有时候人们不得不从狭小的公墓中把尸体挖出来，重新埋葬到更大、更“集中”的区域——虽然这些“新”坟址是在原来的基础上扩建的。有些坟墓以军团或军营命名，但是那些战时的原名也尽可能地保留了下来：铁路空谷（Railway Hollow）、英格兰谷（Blighty Valley）、十字架角（Crucifix Corner）、猫头鹰战壕（Owl Trench）……

即使经过了合理化处理，仍有成百上千座英国及英联邦墓园散落在佛兰德斯地区及法国北部。其中第一座墓园在1920年竣工，但是兴建工作贯穿了整个20年代。到了1934年，单单索姆省就有15万英国及英联邦逝者埋葬于242座墓园中。西部战线上共有918座墓园，其中有58万具名坟墓，18万无名坟墓。寻找遗体的官方行动于1912年9月结束，但少数墓园至今仍向寻获的遗体“开放”。从那时起，直至二战之初，即使已在主战场搜寻过六遍，还是在比利时和法国发现了38000具遗体。失踪的遗体渐渐被找到：或因土地受潮汐冲刷而露出地面，或是农民耕地时被无意挖掘出来。

公墓的设计大体上相似，但是由于地点、大小、布局和花的选择不同，每座公墓都有其不同的特色和感觉。像塞尔路公墓那样的设计，用吉卜林的话说就是广袤的“静谧之都”。也有些很小的墓园，隐匿在某块田野的一角，在某条溪流的弯处，或是在某片树林的边缘阴地里。无论墓园是大是小，在悉心维护下，它们都被完好无损地保存着。这一点很奇怪：毕竟公墓总归是会变得陈旧的。而在这些军事公墓上却看不到老化的痕迹：一切皆焕然一新。这里没有时光的流逝，只有四季在更迭。墓园看起来还跟六十年前的一模一样。那时的战争纪念日官方标语和如今的一样，对于胜利或爱国主义的赞颂不及对牺牲的强调。牺牲可能是大屠杀的委婉表达，但是不管怎么说，胜利的意义远不及人类为胜利所付出的代价。好像承认这一点的话，在胜利与失败，或是英国或德国的战争体验之间，就没有什么好选择的。纪念题词不是致“我们”，而是献给所有“**那些**光荣战死的人”。

现在看起来，战争似乎是为了被记住，为了不辜负人们对它的纪念才开战。

即使战争还在继续，对战争的典型态度就是**盼望着它被记住的那一刻**。“未来！”亨利·巴比塞（Henri Barbusse）笔下的士兵伯兰特在《战火之下》（*Under Fire*）中呼喊道。

> “后世人会如何评价这场杀戮……就连我们这些刽子手都不知道该把自己比作普鲁塔克（Plutarch）和高乃依（Corneille）笔下的英雄还是小流氓和阿帕奇野人（原始人），那些后世人又会怎么看待这些事迹。”①
>
> 他站了起来，双手仍然交叉着。他的表情就像雕塑般严肃，头颅一直垂到胸前。但他再次打破死灰般的沉寂，喃喃重复道：“未来，未来！未来的任务就是用我们始料未及的方式把现在给一笔勾销，好像现在是个讨厌的耻辱。偏偏，这

① 伯兰特的话引起了一名法国战士马克·博森中士的共鸣，1916年7月，他在给妻子的信中写道：“我们已经心力交瘁，流尽了血液，抽干了灵魂，我们被超乎常人的疲惫摧毁了。明天，他们会用我们建造出一个怎样的国家？”——原注

种‘现在’却不得不存在！不得不存在！”

1916年，巴比塞的小说以《战火》（*Le Feu*）为书名在法国发表，并于第二年被翻译成英语。这是第一部用虚构的口吻描述战争经历的重要小说。它直接影响了欧文和西格夫里·萨松（Siegfried Sassoon），并为后来诸多描写战争的作品提供了一种想象的范例。上面这段引文之所以非常重要，不仅是因为伯兰特的那些话，巴比塞的表现手法也同样重要。这种浮雕式的比喻十分生动。“死灰般的沉寂”和雕塑般的面庞，伯兰特简直就是当下的一座纪念像，用来纪念他认为会被消灭殆尽的现在。

小说的最后一章中，有个相关的段落同样发人深省。一阵可怕的轰炸过后，士兵们在破晓时分被噩梦吓醒，开始讨论起来。他们觉得，向不在战场上的人描述这里发生了什么简直是件不可能完成的事。

“讲这个也没什么意义吧？他们不会相信你的；我这么说不是出于恶意或者开玩笑，是他们理解不了……除了我们，没人能懂。”

“不，我们也不懂，我们也不懂！”有人呼喊道。

“这说的也是这个意思。我们应该忘了——我们已经在忘却了，小伙子！”

“我们所见的太多，记不住了。”

“而且我们看见的这些都太沉重了，我们不**负责**承担这一切。这简直是要把人五马分尸。我们太渺小了，扛不了。”

开篇的人以“丧钟般的悲伤口吻”抒发己见。在欧文疑惑“什么丧钟会为这些如牛羊般逝去的人而鸣”之前，小说中的人物就开始讨论起了能否对这些历经磨难的人给予足够的认可。巴比塞也在回应中为欧文的疑惑做了准备：把会被忘却的所有事情逐一列出来。“我们会记得他们。”比尼恩吟诵着。“我们应该忘却！”巴比塞笔下的一个士兵呐喊着。

“正如你所说，人们想象不到的不仅是痛苦持续的时间，还有害人割破双脚、磨穿骨头、把整片地翻过来又翻过去的跋涉。我们背负重担，在天空下显得尤为沉重，后来我们累得连自己的名字都忘了。漫漫长路和无所事事不断折磨着我们。挖凿的工作量出乎我们所能。无数个漫长的守夜里，我们要一边抵抗睡意，一边注意神出鬼没的敌人，还有沾了屎、长了虱子的枕头。——我们要忘却的不仅是这些，还有炮弹和机关枪造成的，矿场、毒气、反攻时留下的肮脏伤口。那些时候我们充满了现实的兴奋感，还有些满足感。但这些都在不知不觉中渐渐消退，也不知道消失到哪里去，只留下了名字……”

萨松后来声称“我们忘了纪念”，这个说法却被颠倒了：纪念碑是由那些会被遗忘的东西建造的。到最后，正如一个纪念物，“只留下了名字”。

“我们是遗忘机器。”巴比塞笔下的另一位士兵说道。除了为规划中的诗选所草拟的前言，欧文还附上了可能入选的内容清单；第一首诗《旷工》（*Miners*）旁边，潦草地写着“未来会如何忘却”。书中不断重申我们处在遗忘的危险中，这也是一种确保战争不被忘却的办法。自休战开始，每一代人都觉得大战可能只对自己这一代人来说还算有点意义了。如今，大战幸存者日薄西山，我也想知道是否自我这个时代之后，战争的记忆就会消失。这种迫在眉睫的失忆感，不只是现在会，过去会，很可能永远都会根植于战争永垂不朽的记忆之中。

简而言之，问题不只是战争如何制造记忆，也包括这份战争的记忆如何在现在，抑或是未来，接着决定这场战争的意义。

吉卜林早期的诗歌《曲终人散》（*Recessional*）中的“永志不忘”一句刻在全国各地的纪念碑上，告诫我们不要忘记。忘却什么？如果忘记的话，我们会面临什么？提出这样的问题需要我们拥有痛下决心的意志——说白了，1914 年至 1918 年这段时间已经和“无法忘怀”画上了等号。

萨松大力挖苦讽刺战争纪念日的官方模式的虚伪作态，但最让人不安的还是纪念与遗忘之间的交互作用。在《做梦的人》（*Dreamers*）中，萨松声称战士们“没有从未来得到任何好处”，但是他却坚信他们会在我们所有人的过去中占有一席之地。

早在1919年，《余波》（*Aftermath*）一诗开篇就提出了令人惊骇的问题，“你已经忘了吗……”萨松的语气和吉卜林一样充满警戒意味——“**低头看看，对着逝去的英魂发誓你永远不会忘记**”——只不过，他没有提及庄严的纪念碑，而是让战壕的气味塞满我们的鼻腔：

你还记得耗子和那散发着臭气、
腐烂在前线战壕里的尸体吗？
拂晓来临，灰白一片，
风雨凄迷。

英勇先烈

敲打着熟悉的节奏，萨松在1933年的续篇《毁灭之路》（*The Road to Ruin*）中幻想着“黑暗王子（the Prince of Darkness）”站在和平纪念碑（Cenotaph）前吟诵着：

让他们忘了吧。上帝，这座纪念碑
意味着什么……

这么多年来，每当我坐公交车或骑自行车经过和平纪念碑时，我几乎没去关注它。它已经成为不起眼的日常建筑物。而空坟墓也成了看不见的坟墓。

但斯蒂芬·格拉汉姆（Stephen Graham）认为，休战后的几年，特别是1919年与1920年，“和平纪念碑聚所有战争经历于一身，其所聚之经历皆是战争中最神圣的”。

一场胜利游行原定于1919年7月19日举行，但是首相劳埃德·乔治（Lloyd George）反对这场没有对死者“吊唁”的举国欢庆。于是让鲁瑟斯（Lutyens）设计一个临时的、不带宗教宗派色彩的“灵柩台”。他花了几个小时草拟出我们今日所见的和平纪念碑。

用木墩和石膏打造的纪念碑塔如期揭幕，但是其严肃而又禁欲主义的庄严令人心潮澎湃，于是——“数百万感性之人”，正如鲁瑟斯自己所写的那样——用波特兰石打造一个一模一样的永久版本来代替它。

于是，这个临时建造的版本被保留了下来，并见证了第一个战争纪念日。从那天开始才开始有了两分钟的默哀仪式。

第二次世界大战后，确定了悼念死者的庆祝日安排在最接近11月11日的周日，默哀的效果因此就没那么明显了。两次大战期间那些繁忙的普通工作日里——特别是在1919年和1920年——这种“可怕的沉默”压抑人心，震慑心魄。

1919年，在11点时，不仅是英国，整个大英帝国的活动都停了下来。交通停止运行。不管是在车间、工厂还是证券交易所，人们动也不动。伦敦的人们连一通电话也没有打。原定11点出发的火车也要推后两分钟，运行中的火车停了下来。诺丁汉巡回法庭里一个退伍士兵因为谋杀在接受审判。11点一到，整个法庭上下，包括囚犯都静默地站了两分钟。那天晚些时候，这个士兵被判处死刑。

1919年11月12日，《曼彻斯特卫报》（*Manchester Guardian*）报道了前一天的默哀：

> 11点的钟声产生了一种魔力。电车缓缓停了下来，引擎先是不再咯咯响，接着冒起了烟，然后才停了下来。伤残的运货马车身上驮着重物，仿佛自愿停下了脚步……有人脱下了帽子，其他人也带着战战兢兢的踌躇低下了头。随处可见自觉从一般站姿变成"立正"站姿的老兵。不远处，一个老妇人擦了擦眼泪，她身旁的男人看起来苍白却又坚毅。每个人都静静地站着……愈加安静了，这种静谧在全城散发开来，安静到几乎能听到任何声响。这……一阵夹杂伤痛的沉寂……纪念之精神阴郁地笼罩了所有人。

第二年国殇日典礼上，除了默哀和永久和平纪念碑的揭幕之外，还增加了另一种更加动人心弦的纪念形式：无名士兵的葬礼。

最重要的战场上挖出了八口无名棺。一位高级军官蒙住眼睛随机挑了一个棺材。[①]经过一系列精心设计的、充满象征的仪式后，“这个曾经的无名小卒，现在将一跃成名的人”享受所有战争荣誉，穿越法国，由“凡尔登”号驱逐舰载着他跨过英吉利海峡（这样

---

① 约翰·多斯·帕索斯（John Dos Passos）在其美国三部曲第二部《1919》里狠狠地挖苦了挑选过程中这种虚伪麻木的庄严：

> 萨隆的沥青太平间里散发着漂白粉和死尸的恶臭，他们挑了一个松木盒，里面装的是挑剩下的骨头。还有很多松木盒堆积着，里面放的是很多路人甲或者其他不知名的人。
>
> 只能带走一个，那他们怎么选这个人呢？
>
> 小伙子，一定别选黑人。
>
> 也不要选马夫或者犹太人。
>
> 当你拿着一麻袋的尸骨，铜扣上印着尖叫的老鹰和一副裹腿布，怎能百分百分辨出那家伙是谁？
>
> ……更别提还面对着恶心的氯化物和一年多的腐尸……

贝特朗·塔维涅（Bertrand Tavernier）1989年的电影《生命如歌》讽刺了法国挑选无名战士也是具有讽刺意味的作秀。——原注

的话，凡尔登战役及法国士兵也能在仪式过程中找到一席之地）。11日上午，裹着国旗的灵柩用炮架运到了白厅路。11时整，永久版的和平纪念碑在此揭开面纱。

天公也作美。阳光穿过乌云洒下，没有一丝风。国旗停在一半的位置，皱巴巴的。没有风来打断卷土重来的沉寂。大本钟敲了11响，最后一声化入整个伦敦，也将这片沉寂传遍整个国家。“沉寂之中，只听得见人们的啜泣声，”《泰晤士报》写道，“群众垂首致意……”人们屏住呼吸，就怕在这片默哀中被人听见了他们的声音。好像快要到达极限的沉寂却愈加深沉。有个女人的尖叫声“此起彼伏”，直到沉寂“再次袭来”。

上帝啊，您是我们几个世纪以来的依靠。

这片沉寂一直持续着，直到“清晰响亮的安息号中传来了激烈的、震颤人心的、正是痛苦本身的声音——却是胜利的痛苦”。

载着无名战士的炮架从和平纪念碑出发，一路驶往威斯敏斯特教堂。教堂里，同样的情绪在数字面前更显强烈：上千位丧偶的寡妇和母亲；上百位在战争中受伤或失明的护士；一百位维多利亚十字勋章的获得者组成仪仗队，中殿两侧各站五十人。战场上最高级别司令官也在护柩者之中：黑格（Haig），弗伦奇（French）和特伦查德（Trenchard），国王在棺材表面撒下法国土壤。“这一切，”一个观众评论道，“都是为了激发回忆和情感，石头都快要放声大哭了。”

这是一张1919年临时和平纪念碑的照片：士兵们列队走过，一大群人在旁边看着。游行没有任何胜利的欢呼，军队的角色不是庆祝胜利而是代表逝者。国殇纪念日所用之语全是牺牲意味，带来了难以避免的副作用。为了纪念亡者，幸存者将自己排除于战争的全部意义——牺牲——之外，只成为见证者。生者要做的是致敬而不是接受敬意。换句话说，行军而过的军队成了死亡代理者。

为了让人明白损失的规模，帝国战争坟墓委员会的总负责人费边·韦尔（Fabian Ware）指出，如果整个帝国的逝者四人一列沿白厅路行军，那要三天半才能全数通过和平纪念碑。[①]从揭幕仪式到一周后无名

① 贝特朗·塔维涅的《生命如歌》最后一幕，杰克逊少校计算出法国阵亡士兵需要花11个日夜才能从香榭丽舍大街走过凯旋门。——原注

死亡代理者

战士掩墓期间，通过和平纪念碑的生者超过百万。韦尔的想象和1920年真正发生的情形极其相似，所有看照片的人都觉得士兵就像是死者本人，他们回来接受生者的致敬。韦尔虚构的意象栩栩如生。“死而复生。”《泰晤士报》的一个记者写道。

“人群拥向威斯敏斯特大桥。那么多人，我从没想到死亡的毁灭性这么大。”T.S.艾略特在《荒原》中写下了这段话。

走过和平纪念碑的士兵队伍一望无际，延伸到了视线之外，也延伸到了时间之外。如果跟着队列走，我们就会看到另一张人们奔赴战场的照片。这两张照片简直是贯穿战争影像的两个部分。只有一列士兵，长长地排开，末端士兵刚离开征兵站，搭上火车。前线的逝者们已经经过和平纪念碑。

威尔弗雷德·欧文的《为吾诗辩护》（*Apologia Pro Poemate Meo*）原先的草稿以“无言（The Unsaid）”命名。约翰·伯格（John Berger）无意之中与欧文的观点相呼应，认为这两分钟默哀：

> 是在“无法言语”之人面前的静默……战争纪念雕塑不同于任何公共纪念物。它们麻木不

堪：用以纪念无以言表的灾难。

和平纪念碑完全就是伯格观点的化身。它就是停战纪念日那两分钟里默哀的三维具象化。公众想要一座永久的和平纪念碑来记录它所聚集的默哀，并从纪念碑里向外发散开来。据《泰晤士报》报道，这两分钟里，“时间仿佛静止了”。和平纪念碑记录默哀的同时，也标志了永恒。临时的和平纪念碑是个不可调和的矛盾：纪念碑必须得是永恒的。

往后每年里的那“两分钟”，默哀都注入了纪念碑里。自二战及消退的礼拜日寂静以来，和平纪念碑的默哀快要消失殆尽。伦敦的喧哗年复一年地侵蚀它；而这份静默则渐渐退去。

到了20世纪20年代，永久版的和平纪念碑和无名战士都不能满足纪念的热情。从许多方面来看，纪念战争的方式在很大程度上都是自发生成的，就像战争本身。1921年，英国退伍军人协会举办了佛兰德斯罂粟的义卖会——售出800万朵——后来改成人造花并延续至今。1927年，也就是英国退伍军人协会阵亡将士纪念节首次举办的两年后，这个活动引入了一种颇为独特和感人的仪式，即一百万朵罂粟花飘向底下聚集的现役军人，每一朵都代表了一个生命。

与此同时，英国全国上下都在举行纪念碑揭幕仪式；法国和比利时建起了公墓；逝者的名字出现在军团纪念碑上，以及工商业协会，城市和乡村，大学及其他学校的荣誉榜上。①

虽然这样使得战争中的人员伤亡更加明显，但是结果表明，损失的规模事实上是令人欣慰的。母亲、妻子及父亲的痛苦囊括在一份规模令人瞠目结舌的名单中。战争进行时，伤亡人数总被掩饰。然后，如果将这份悲痛划分，让100万人共同承担，且强调牺牲的意义，把伤亡规模公之于众，在某种程度上让灾难没那么难以承受。

我们很难否认，在面对“庞大”的事物时，我们其实窃窃为此战栗、兴奋，这与我们的痛楚并不矛

---

① 之所以如此小心谨慎地记录逝者信息，是出于这次史无前例的损失规模，也是因为这些逝去的士兵，无论是志愿军还是应征军，绝大部分都是民兵。这种单独纪念战争牺牲者的做法可以追溯到法国大革命及国民军初期阶段——但是直到大战才开始纪念全体逝者。但是也有例外，乔治·莫斯认为，1914年前的士兵“被当成隐匿集体的一部分”。大战第一次给所有逝者、军官及普通人同等的荣誉。——原注

盾。就规模而言，这场战争刷新了所有关于“大”的纪录：史上最可怕的轰炸，最大的机枪、炮弹和地雷，最大规模的动员，最惨重的人员伤亡（“上百万人丧生”）。选择用“大”[①]来形容这场战争，难道就没有一丝自豪感，一丝隐隐的、不可避免的语义上的肯定？

尽管这场战争可能披着伤痛的外衣，但其某些品质则一直生生不息。比起苍白无力的数字虚名“第一次世界大战”，很多作家，包括我，都更喜欢带有哀伤共鸣的名称。这种偏好也让这些品质延续了下来。

战争的恐怖性质

不管称之为“大战”还是“第一次世界大战”，任何一本关于这场战争的书，或者由它所产生的文学与艺术作品的评论，都强调其“恐怖”。在读这样的书之前，我们最深的潜在意识一定是：“战争是恐怖

---

① 第一次世界大战（the First World War）在英文中也被称作“大战”（the Great War）。本书中出现的“大战”指的也是第一次世界大战。

记忆的建造

的。”还没开始好好读读欧文《为国捐躯》的第一节，我们就已经对自己喃喃念着古老的咒语——“战争的恐怖”。

战争也许是可怕的，但我们不妨承认“战争的恐怖”已经成为一种可怕的陈词滥调。这枚修辞的钱币因过度使用而越来越薄，它的价值也不过和“光荣”……主义差不多。“恐怖”一词无非是这些意识形态词态同胎异母的赝品。“战争的恐怖”已经成为一个再自然不过的结合词汇，以至于它传达不了它想要表达的可怕。

这种过度使用在一定程度上也是恪守礼仪的产物。一个人若想迎合大众口味，在描述死亡、残疾和伤痛时就不能侃侃而谈，对恐惧不加赘述。因此，恐惧就成了一种仪式，一种惯用表达。这也使我们想起洗衣粉广告。这些广告一直以来都喜欢在商标名称前加上“全新升级”，而实际表达就变成了“一成不变”。这些用法淡化了本身的含义，成了商标中无人理睬的一部分。为了传达某个产品全新和升级的概念，你需要在前缀前再加前缀：**全新升级的改良版碧浪洗衣粉**。

“战争的恐怖”也用类似的方式把自己的语义渐

渐淡化了。琳·麦克唐纳（Lyn Macdonald）的《大战音像记录：1914—1918》（1914—1918: *Voices and Images of the Great War*）的平装本封底上，引用了一段来自《泰晤士报教育副刊》（*The Times Educational Supplement*）的书评，强调“对绝望的恐惧令人厌烦，这一切只是千篇一律的重复”。换言之，“恐惧”本身没有令人害怕的力量。你越是不断重复，它自身的语义就消失得越快。尼格尔·维尼（Nigel Viney）强调了保罗·纳什（Paul Nash）画作中的场景不只是可怕，更是“令人毛骨悚然”。后来他在创作《战争画面》（*Images of Wartime*）时发现自己陷入了“无尽的恐惧深渊”。

大战最可怕的一面是将人们送到前线去做无谓的牺牲。多少人毫无意义地死去？人们不禁要问，依靠不断增加的死亡而实现的口头战略就能让这些人死得其所了吗？

一连串令人颤抖的形容词淡化了词汇原先意图制造的反应。相反，伊莱娜·斯卡里（Elaine Scarry）平静、精心算计的构句却简洁得令人感到可怕：“战争的主要目的及成果就是伤亡。”

“在大战以前，我们今天所理解的战争诗歌并不存在。”彼得·帕克（Peter Parker）在《古老的谎言》（*The Old Lie*）中写道，“之前只有军事诗体”。在1914年，正是因为这一传统创造出的情感惯例是如此普遍，11岁的埃里克·布莱尔（Eric Blair）就能触景生情，写下一首扣人心弦的诗——“清醒吧，英国的年轻人”。五十年后，11岁的少年仍然可以在同样的情况下，用同样的方式，写出一首动人的诗歌来描写战争的恐怖——同样只需依赖人共同的情感。

从某种程度上来说，我们本能地、热切地讨论战争的恐怖，就像鲁珀特·布鲁克（Rupert Brooke）及其同时代人抓住战争的机会，好似游泳的人往清澈的水里跳。

这可不仅仅是语言上的诡辩。现成的规则让你不用费心思考说了些什么。当语言来回自然而又简单地碰撞时，在这过程之中，它们就渐渐丢掉了其含义。布鲁克只不过采用了现成的情感公式，就能轻易为他的诗句“请这样想起我”披上英雄色彩，这提醒我们应该多加留心，并使我们对另一种情感为何能轻易推翻现有的情感持怀疑态度。艾萨克·罗森伯格（Isaac Rosenberg）严厉地批评了鲁珀特·布鲁克，说他的《光荣十四行诗》完全依赖“二手诗句”。然而在批评家基思·塞格尔（Keith Sagar）对停战日义愤填膺的控诉中也看得到一丝相同的二手抑或是三手的迹象：

> 国家允诺人们一年抽出一天来纪念，这样的话，剩下的364天里就可以忘得干干净净、问心无愧；在这个过程中，国家骄傲地接受了对一整个时代年轻同胞的屠杀。和平纪念碑揭幕仪式上的巧言令色是侵略主义始终未脱下的严肃假面具，这使得欧文在死前三个月写下："我希望德国兵能有胆过来，清扫游艇上、温泉疗养池旁招摇的人，还有利兹及布拉德福德那些罪恶滔天、在战争中发横财的人。"

人们经常引用欧文的这些话来挑战或减少国殇纪念日的官方程序，但是我们对于这场大战的记忆取决于表面上敌对的两方——无名战士及众所周知的诗人——互相协调，共同支持。

1893年3月18日，欧文出生于什罗普郡。战争爆发时他正在法国教书，但是于1915年志愿加入能手步枪协会。1917年，欧文因炮弹休克住进了克雷格洛克哈特医院，他在那儿遇见了萨松。在他的影响下，欧文开始创作战争诗歌，后来因此成名。在休战前一周，他重返法国，却在行动中阵亡，年仅25岁。

乔恩·史铎沃希（Jon Stallworthy）在《威尔弗雷德·欧文》（*Wilfred Owen*）中讲述了欧文短暂的一生，这是一本标准的传记。因为史铎沃希希望尽可能地公平分配篇幅去描述欧文人生的每个阶段，所以等到了我们最感兴趣的诗歌创作这个部分，我们才赫然发现篇幅所剩无几。这就好像生命后续该有的700页直接被删了。而且，在其生命的最后几周，我们也看不到对欧文个人的描写（没有人亲眼看到他死去），所以我们不得不去查阅宏观视角的军团历史。多米尼克·希伯德（Dominic Hibberd）的《威尔弗雷德·欧文：最后一年》（*Wilfred Owen: The Last Year*）对这个时期的描写稍微多一些。这两本书都以欧文的逝世结尾，但这才是欧文一生的开始。

欧文一生当中只发表了五首诗［《歌中之歌》（*Song of Songs*），《下一场战争》（*The Next War*），《矿工》（*Miners*），《伤兵船》（*Hospital Barge*），《徒劳》（*Futility*）］。七首诗出现在伊迪丝·西特韦尔（Edith Sitwell）1919年发表的《年轮》（*Wheels*）诗

选里；萨松编辑了一部分诗选于1920年发表；艾德蒙·布伦顿（Edmund Blunden）于1931年发表了更为翔实的版本。这意味着欧文的诗歌之所以令大众瞩目不是因为其反对姿态，而是因为它是**丧亲之痛**大背景下的一部分。

自休战开始，全英国上下建造纪念碑，而佛兰德斯及法国北部地区则大修公墓。20世纪20年代后期，大批战争回忆录及小说出版的洪流达到高潮。[①]

---

① 另有：赫伯特·里德（Herbert Read）的《撤退中》（*In Retreat*，1926）；艾德蒙·布伦顿的《战争的内涵》（*Undertones of War*，1928）；西格夫里·萨松的《猎狐人回忆录》（*Memoirs of a Fox-Hunting Man*，1928）；E.E.卡明斯（E.E.Cummings）的《那间大房间》（*The Enormous Room*，1928）；埃里希·玛利亚·雷马克（Erich Maria Remarque）的《西线无战事》（*All Quiet on the Western Front*，1928）；理查德·奥尔丁顿（Richard Aldington）的《英雄之死》（*Death of a Hero*，1928）；罗伯特·格雷夫斯（Robert Graves）的《挥别一切》（*Goodbye to All That*，1928）；欧内斯特·海明威的《永别了，武器》（*A Farewell to Arms*，1928）；欧内斯特·容格（Ernst Junger）的《钢铁的风暴》（*Storm of Steel*，1928）；萨松的《步兵军官回忆录》（*Memoirs of an Infantry Officer*，1930）；弗雷德里克·曼宁（Frederic Manning）的《她占有了我们》（*Her Privates We*，1930）。——原注

1932年，蒂耶普瓦勒举行了哀悼索姆河战役中失踪士兵的纪念活动，这段绵延的哀伤最终以活动的开幕式正式告终。

从布伦顿悼念欧文的方式中可见哀思愁绪有多深。1931年，他引用国殇纪念日“官方”纪念术语抒发感伤之情，随着欧文的逝世，“一份无上的光荣离开了”诗歌界。

休战后那几年，反战情绪高涨，长大后的埃里克·布莱尔（乔治·奥威尔）说道：“当时从某种程度上来说，就连那些被屠杀的人也难辞其咎。”但从另一方面来看，事实上战争诗人（尤其是欧文）希望反战案例能够从此扎根的夙愿也只是昙花一现。

克里斯托弗·伊舍伍德（Christopher Isherwood）1904年出生，比奥威尔晚一年。忆起往事，他说：“我们这20年代中期的年轻作家，或多或少都有意识到羞耻感，因为我们没能参加欧洲战争。”对于伊舍伍德来说，大战是一种“耗时耗力的病态利益”，是“恐怖与欲望的结合体”。当奥威尔和伊舍伍德这一代人“意识到他们错过了多么沉重的体验”，有时欲望就会超越恐怖。因此奥威尔会说，人们之所以热衷于西班牙内战，是因为它与一战类似。

回顾大战，C. 戴·刘易斯（C. Day Lewis）认为，“在他们这一代，欧文的诗歌最深入人心，所以我们会永远视战争为邪恶之物，或者在必要的情况下视之为罪恶之物”。但这个年代还得面对其他明显更大的恶行；因此，W. H. 奥登（W. H. Auden）在其1937年的诗歌《西班牙》中“轻松地接受了谋杀的愧疚”。同年，据斯蒂芬·斯彭德（Stephen Spender）文章所述，欧文揭露了“为了让人觉得死亡是件愉悦的事情，这些宣传谎言将死者美化成英雄”，但是这一被揭露的事实也有其魅力。西班牙战争的一名老兵菲利普·托因比（Philip Toynbee）认为，欧文的诗歌表达的是“对历经磨难的这一代人的嫉妒而不是怜惜”。在遇见萨松之前，济慈对欧文的影响最大，他认为自己“几乎爱上了让人超脱的死亡”。不过欧文显然没有减少人们对死亡的恐惧。托因比记得，“即使是在30年代初期的反战运动中，我们对自己反对的恐怖也是爱恨交加”。

战争的真相不仅被有组织的狂热纪念（和平纪念碑、无名战士、两分钟哀悼和罂粟花……）所覆盖，我们有关战争的概念，以及有关战争的“神话”和

“现实”的精巧缠绕、相互矛盾的概念，更是在实际敌对活动停止后的十五年中，通过精巧缠绕、相互矛盾的各种记忆版本积极建立起来的。

所以在我们看来，战争似乎不是为了领土，而是为了争夺后人心目中的印象而发生的。战争真正的主题是纪念。这场战争还在进行的时候人们就开始纪念，还没停战时人们就开始纪念休战。事实上，这整场战争似乎是在回忆中进行的，因此并没有受到回忆的太大影响。

欧文在著名的序言里声称，他的“主题是战争，可怜的战争”（而不是名誉或荣耀），但他的主题也可以称作记忆和记忆的投射。他的诗歌并不是简单地破坏，而是重新定义了比尼恩文字中那些未来会如何回顾的话（“我们会将他们铭记”）。尽管格格不入，欧文的事现在也有精美细致的涂鸦，无形中添在“英勇先烈”的纪念铭文上。

在达姆弗里西郡（Dumfriesshire）北部的万克黑德（Wanlockhead），村里的纪念碑是以大理石底座上的一个哀悼士兵为形的。在雕像的脚下，写着“为国捐躯是如此甜美而光荣”，这句话的意思已被欧文的诗歌所扭曲，偏离了其传达的纯粹的情感。古老的谎言获得了一个新的讽刺性的真理。就像1933年萨松在《揭幕》一诗（这是对伦敦在“战争中受毒气摧残的受害者”的讽刺悼词）总结的那样：拉丁语已经被欧文化了。这使得进一步的讽刺扭曲显得更为多余。

> 给我们留下的任务
> 是为了他们所献身的东西，重建
> 一座防弹的大都市，
> 让大家都去采油，为国捐躯……

R. H. 莫特拉姆（R. H. Mottram）希望《西班牙农场三部曲》（*Spanish Farm Trilogy*）可以被视作“一个真正的和平纪念碑，一座真正的战争纪念碑”；理查德·奥尔丁顿希望《英雄之死》成为“对一个时代微不足道的纪念碑”，但只有欧文成功地用自己的作品中的意象纪念战争，而萨松、布伦顿、格雷夫斯等人却没有做到。完美的战争纪念碑——最能表达我们对战事旷日持久的记忆——要刻画出弯腰屈膝、长途跋涉、昏昏欲睡、步履蹒跚、双目失明、血肉模糊的战士们。或者也可以打造欧文的塑像当作纪念碑，这两者都是一样的。

欧文在《厄运青春之赞歌》(*Anthem for Doomed Youth*)中解决了自己的遗产问题。这首诗预示它将成为自身所呼吁的回应:该为那些如牛羊般死去的人敲什么样的丧钟?萨松对这首诗作出了重要贡献,在初期的草稿中,他以"逝去"(Dead)代替"厄运"(Doomed),所以他朋友的诗写的就是舍生赴死的人,比如说比尼恩的诗。布伦顿写了一首标题为《从1921年看1916年》的诗——四年前,欧文写了很多这样的诗。

《厄运青春之赞歌》的最后一行写的是将屋子的百叶窗关上,视作对逝去亲人的纪念标记——但这也是国家和军队在调查时掩盖罪行的大环境之下的一个令人不安的隐蔽现象。在内阁文件及战争办公室记录文件于60年代对研究员公开之前,这些幕布仍然密不透光。然而前几年,另一件事情再次向我们展示了战争是怎么以回溯性姿态进行的。黑格将日记全部改写,这样就能使自己的盘算能力与实际结果相符,从而把自己的责任降到最小。丹尼斯·温特(Denis Winter)揭露了国家如何弄虚作假,大量发行黑格版本的对事件偏向性的记录,他这一举动是带有争议的。他认为，“不管是政治上还是军事上的官方战争记录，都在战争期间的宣传上或者战争后的官方历史上被完全扭曲”。他在加拿大及澳大利亚档案馆找到的大量资料也表明了文献一传到英国公共档案馆，“就开始被审查，然后那些与官方记录不符的情节就被删掉了”。即使到了开启百叶窗的那一刻，突然射入的那道光也只是告诉我们大部分史实仍然未被揭露，仍然无处可寻。

温特对黑格的记录及其中涉嫌的漏洞翻了个底朝天，摧毁了黑格仅存的名声；欧文也有同样的经历，但是情况却相反。乔恩·史铎沃希仔仔细细地检查了他的手稿，所以现在几乎每行诗的不同版本都可以查阅到。尽管济慈将欧文排除在《牛津现代诗选》（*Oxford Book of Modern Verse*）（因为被动承受痛苦不是诗歌的主题）之外，但在本世纪，没有其他英国诗人的作品在死后还能如此全面地被编辑、保存，甚至还被编纂成册。20年代，黑格的声名得到了官方的秘密保护。同样地，欧文的人生及其诗人生涯也全然不为人知。萨松在1920年版本的欧文诗集里表示，除了诗歌，“其他有关欧文的对话、言谈举止及外貌品相等记录都是不相关也不恰当的”。直到布伦顿版本——包括了回忆录和后来众所周知的书信摘录——用菲利普·拉金（Philip Larkin）的话说，他像是被“战争史无前例的兽性激发，表达了同情和人性”。他的诗歌被“雪藏了十年左右，好像这新版《统治者》（*The Dynasts*）遗憾之情专栏中的一段话”。[①]

20年代初，除了损失的规模之外，有关战争的一切都停在了真空中。各种纪念活动和仪式以各种形式试图填满这个真空。丈夫、儿子、父亲都失踪了。真相丢失了。到处都是这种缺乏感和真空感。整个英国“盖上了一层厚厚的死亡幕布，这片阴影停滞不前，令人悲痛欲绝”。

对于一个沉浸在悲痛中的国家来说，这种身后出版物的迟来预言就像欧文在坟墓另一头说话。纪念碑

① 拉金在写史铎沃希的传记评述时借用了这两段话。借此机会，他在信中对我们如今所拥有的欧文更为详细的介绍发表了简要的看法：“事实上，欧文像是一个刺头，但是他的诗还是很好的。当然，他是个勇敢的刺头。你不会看见我在三十个德国兵面前挥舞手枪，从而获得军功十字章。但也不是那种传说中的蒙斯（更不是索姆河）诗意天使。”——原注

是20年代英格兰死者投下的阴影；而另一道阴影则是对精神主义兴趣的激增。失踪的那些人正是通过欧文发声的。

他们正要死去：这种未来完成时不仅出现在欧文的诗歌中（他在自己钱包里放着逝者及伤残者的照片），也出现在战争的照片中。但罗兰·巴特（Roland Barthes）认为这两者是“相反的预言”，虽然他说这些话的时候想到的只有照片。考虑到这一点，像布罗茨基凝视奥登的照片时，“我开始怀疑一种艺术形式是否能够阐释另一种艺术，视觉是否可以理解语义”。

现在很难想象出大战的彩色画面。即使是格尼（Gurney）的《伤痛》（*Pain*）这样的现代诗都只能描绘黑白画面的大战：

> 单调的灰色
> 让灰色天空更加沉重，灰泥上走过
> 成排湿透草人组成的灰色大军……

“我还是一样，更常用黑白而不是彩色作画，”保罗·克利（Paul Klee）在1917年10月26日写下这番话，“颜色似乎被消耗殆尽。”正如第一天在索姆河拍摄的照片，许多照片都是在柯达蓝的天色下拍摄的。不过就算当时有彩色底片，在我们看来，照片所呈现的场景依旧是灰褐色调。随着时间逐渐凝固，就连鲜血看起来也是灰蒙蒙的。

这种照片不只是记录过往，更属于过去。照片上行军的士兵仿佛昂首阔步，穿越往日“那沉重的静默”。这些照片没有任何色彩，它们不愿脱离过往——而过往带着灰褐色调。彼得·波特（Peter Porter）在其《索姆河及佛兰德斯》（*Somme and Flanders*）一诗中提到“那些哈姆斯沃思出版的书是如何带有灰褐色调的”；弗农·斯坎内尔（Vernon Scannell）的《大战》（*The Great War*）认为停战的“11月带有灰暗色调”。

如果正如吉尔伯特·阿代尔（Gilbert Adair）所说，奥登描写30年代的诗是“黑白”性质的，那么以此类推，欧文的诗就是单纯的灰色调。我们无法给这些诗上色，它们本身就具有反色彩性。

所见之处皆是红色

他们的眼睛

永远都不用遭受血色的伤害。

在布伦顿的诗中，也不存在“大红色”、“淡红色”、“粉红色及白色”的玫瑰花，也没有“金黄色”的雏菊。

……颜色的选择。

很难抉择；这个红色应该再黯淡点。

世界把自己的色彩炸没了。泥土之色灰褐色成了战争的主色调，战役将风景灰化。“这一年看起来就是灰蒙蒙、脏兮兮的，”蒂莫西·芬德利（Timothy Findley）笔下的1915年，“就像照片上一样泥泞不堪。”

回到先前的主题，这就是为什么排队入伍的人们似乎被未知的经历所伤：他们身上有战壕的色彩，沾上了佛兰德斯的泥土。1914年的征兵带有魔鬼的色彩。他们排着队，等待屠杀。他们早就死了。

拉金的《1914》（*MCMXIV*）开篇是“一条条参差不齐的长龙”排着队参军的景象。欧文的《出发》

（*The Send-Off*）一诗描写了应征军人登上火车准备前往法国的场景，他抒发了这种特殊的情感：

沿着逐渐昏暗的车道，他们一路高歌
对着车轨两侧的棚屋……

前两句描写他们离去的诗呼应了最后那句“很少有人”能够回到“那些人烟稀少的道路”。出发那一刻，他们就已经在行军穿越哀悼的景色。1914年的夏天被蒙上了黄昏时分紧闭着的百叶窗的阴影。登上火车前，他们就加入了死亡之列。

他们的胸前满是白色的花环
就好像
他们已经，死了。

但是欧文的诗并不止于此。对我们来说，这列驶向未来的列车偏离了大战，而延伸进另一场更接近现在的大屠杀：

那时不为所动，点头示意，街灯

朝着士兵闪烁

他们暗夜潜行，似是掩盖错误。

他们不是我们的士兵，

我们从来不知道他们被派往何方。

“灰头土脸投射出痛苦的目光”

比起屠杀的照片规模，在大战中牺牲的英国士兵留下的照片少之又少。[①]这主要是因为报道的限制。只有官方摄影师有权进入前线；普通报社的摄影师几乎都不能进入战区；前线战士也不能携带照相机（或者写日记）。

战场上的任何照片都要接受严格的新闻审查，所以不利于战争的照片都无法发表。战后，档案还要受到审查，因此英国阵亡士兵的照片又被进一步削

---

① 这与美国内战形成鲜明的对比；例如，T.H.奥沙利文（T.H.O'Sullivan）1863年的照片《死神的丰收》就记录了葛底斯堡尸横遍野的场景。——原注

减。[1]和所有行之有效的管控方式一样，这些接二连三的举措不仅形成了专制，而且促生了共情。国家、摄影师及公众之间就可接受范围内的情感反应达成、保持了广泛的共识。他们声称自己是由这一切定义的，但他们也定义了这一切。

保存下来的照片都是个别或者少数阵亡的士兵。这与德国陆军元帅记录的西线死亡规模大相径庭：

---

① 之前有一次参观了帝国战争博物馆的照片展区后，我开始怀疑这种“掩饰”一直持续到了今天。大战的照片按主题分类，尽管大量文件收入在“毁灭”这个主题中，但是并没有我想的“死亡”“受伤”或者其他标题。我无意中发现了一张阵亡士兵的照片，底下标了几个字，“移送至伤亡者相册”。还有一行手写的红字：“禁止出售或出版”。确定了正确的通用表述后，我回到了主题目录，但正如我所料，并没有“伤亡者相册”这个主题。确信自己碰到了典型的文件遗失阴谋，我用疑惑且无辜的口吻跟一个助理解释自己似乎找不到所谓的“伤亡者相册”。

“啊，伤亡者相册，”他说，“在隔壁房间。戴尔先生，我现在给你去拿。”它是一本源于20年代的禁令，正是因为它，阵亡士兵的家属才不会在晨报上看到自己心爱之人的残骸。这本相册早就被人遗忘；只是出于礼节单独储存。我开口询问这本相册，几分钟后它就出现在了我的桌子上。——原注

大战统计册上删去了记录俄罗斯伤亡的那一页。具体人数不得而知。500万，还是800万？我们自己也不知道。只知道有时与俄罗斯交战，我们得从自己的战壕前把敌军成堆的尸体搬开才能在下一波突袭前清出开火的空间。

索姆河战役结束后几个月，约翰·梅斯菲尔德（John Masefield）写道，西线战场上的尸体仍“堆了三四层，青蝇围绕，使面庞发黑”。

他见证过什么

失踪者的照片本身就是失踪的。

通常前线的照片记录的不是阵亡的人，而是那些目睹死亡的人。正如这张众所周知的照片：一位被战争蹂躏、疲惫不堪的士兵。这张脸表达了什么？这不好说，因为任何解释都被其反面说辞限制：这是对同情心的强烈诉求——也是对我们回应的全然漠视。这是不带控诉的责难，渴望正义却对结果漠不关心。

我们就像那位诗人的妹妹伊莎贝尔·兰波（Isabelle Rimbaud）一样凝视着这张照片，她在1914年8月给一群脱离战场的疲惫士兵送水。“他们从哪里来？”她思索着，“他们看到了什么？我们很想知道，但他们什么也不说。”

这张照片也是无声的。它对我们的凝视无动于衷。我们看着这个人的双眼，他看到的一切都是那样不可告人。

1917年最后一天，欧文写给母亲的信上说他在埃塔普勒（Etaples）时，发现士兵的脸上有“非常奇怪的表情”。他说那是：

> 一个无法理解的表情，人们在英格兰绝对看不到……不是绝望，也不是恐惧，它比恐惧更可

怕，因为那是一种茫然，面无表情，像只死掉的兔子。

这种表情画不出来，也没有演员能演出来。为了能说出这种表情，我觉得我必须得回去跟他们待在一起。

在欧文回去之前，他望向海峡那头。他从泰戈尔的作品中引用了自己最喜欢的一段话："当我就此别过，就让这成为我的临别之言，让我所见无法超越。"欧文诗歌的主题关注的几乎都是实际见闻。

……碧海之下，我看着他溺水
在我所有的梦境中，在我无助的视线前，
他望着我，呛水，窒息，沉没。

他说他去法国是为了那些曾经帮助他的人。"看着他们所受之苦，我也许可以像辩护人一样间接为他们发声。"借此，他反复强调自己这个目击者的可靠性。

我看见他们历经风霜的背弯曲，驼背，再挺直，我看着那些痛苦的人蜷缩，起身，再躺平。

他经常注视着自己遇到的那些“空洞，没有睫毛的双眼”，正如前文从《麻木》（*Insensibility*）中引用的那段话，这些人因自己所见的一切而失明：

噢，我的爱人，你的眼睛失去魅力了
当我看着代我而瞎的双眸！
“噢，长官啊，我的眼睛——我瞎了——我瞎了，我瞎了！”
哄骗着他，我举着火把靠近他的眼睑
问他是否能看到微弱的光芒
他没有瞎，他最后会好的。
“我看不见。”他抽泣着。眼球，肿得就像章鱼一般，
还看着我的梦……

诗中愤怒的总是源于：他见证了国内百姓绝对无法想象的现实。这种情感在《为国捐躯》的过渡段中表达得最为强烈：

如果在令人窒息的梦境中，你也能紧跟
马车，我们将他驱逐到此，
看他脸上发白的双眼剧烈翻转……

欧文，这位在第一次世界大战中最有名的诗人写道，自己“并不在乎诗歌”。罗伯特·卡帕（Robert Capa）是最出名的二战摄影师，他说自己“对拍摄漂亮的照片并不感兴趣”。西班牙内战期间，他拍下了有史以来最著名的战争相片。或许是有意为之，其呈现的是共和派一名士兵在作战时行将就木的影像。在他拍摄的二战照片之中，房屋里、街道上几乎随处可见尸体。一张1944年12月的照片上是寒冬的景色，树木寥寥无几，后面的背景上是牛群和棚屋。一个美国士兵朝着田野中间的一具尸体走去。边框之外的不远处，下一张照片里躺着另一具尸体。也就是说，我们跟随着卡帕的照片，走过了一段死尸之路。这条路最近带领我们走向了本世纪大规模死亡的中心地带：集中营里堆叠的尸体。卡帕自己并不想拍摄集中营，因为它们“充斥在摄影师眼前，每一张新的恐怖照片只会削减整体的效果”。

西奥多·阿多诺（Theodor Adorno）曾说过，奥斯维辛集中营之后再无诗歌。不过他忘了补上一句：但是还有摄影。

自集中营以来，我们看到了数百万张死者的照片：它们来自柬埔寨、贝鲁特、越南、阿尔及利亚、萨尔瓦多、萨拉热窝。二战后，卡帕的作品——卡帕只是个假名——较少单指他个人的作品，而更常让人联想起与他相关的那类摄影。此后，成百上千件复制品应运而生，而原作也混在其中了。如今死者的照片一文不值。越来越多的新闻简报发出警告，认为其中的一些照片可能会给观看者带来不适。不仅是我们这个时代，任何人——上至美国总统，下至无名小卒——都可能在影像中死去；从某种程度上来说，这是个人们只会在影像中死去的时代。和很多人一样，我在影像中见过成百上千具尸体，但现实生活中却一具都没见过：正好和大战的典型经验完全相反。

自那时起，摄影的潮流已经由直视见证死亡的双眼变成透过他们的双眼来见证死亡。

侧身骑着马，正要往前线送水——这是一张我外祖父的真实照片。另一个相框里是一张他随意站着的照片，照片与玻璃中间夹着四枚勋章。一枚勋章上系着七彩的勋带，写着：为了文明的大战，1914年至

1919年。另一枚则是别着褪了色的橘黄彩带，镶着蓝边，勋章上有个坐在马背上的人策马越过一副骨骸。看着这些勋章，我感觉不论士兵愿不愿意，都会得到勋章：这些纪念品确保了没人空手而归，每个人都能有展示痛苦的东西。

战争期间任职说明书

（陆军表格Z.18）

军团编号：201334　军衔：二等兵

姓氏：都铎

名字：杰弗瑞

所属军团：王属施洛普郡轻兵兵团

团职务——兵属：运输（后一字字迹模糊）

入伍前从事职业：农场工人

是否受军事训练课程、职业陆军学校课程，或任何认证：无

特殊评价：（求职时所需的辅助）沉稳可靠。优秀的马夫与车夫。将他负责的动物照料得很好。

签名：（名字无法辨认）少校

这种证明书的历史就是我的家族史。沉稳可靠。在两

次世界大战中，这些特质使我们与众不同。

二战后，格罗斯特飞机制造公司（Gloster Aircraft Company）在解雇我父亲之前也给了相同的评价。多年后，当他再次被解雇（60岁）时，再一次因为二十多年来所展现的沉稳可靠而受到称赞。

“将他负责的动物照料得很好”，填这份证书的少校可能是在描述一只动物。“沉稳可靠”就像条狗。用这个去找份工作吧。带着我的祝福出去闯荡吧。

我之所以能摆脱父亲与外祖父的特质，证明书起到了重要的作用。我凭借一等证书及名列前茅的成绩进入了牛津大学。毕业时，却连张证明我曾在那儿读书的证书都没有。我生活的这个时代，人们对证明书和推荐信视若无睹，因此也不需要证书了。

外祖父这份表格激发了我对家族最深沉的亲切感——包括我的深情、我的阶级感受、我的抱负、我的忠诚。真是因为陆军表格Z.18，才有了这本书。

“温柔：关于动物及怜悯，关于温柔……”

战争的电影画面及照片里到处都是马，以至于你会觉得自己是在看早期的西部电影，其故事背景是美国内战特别凄凉的一段时光。德国汉普斯特德市（Hampstead）圣犹大教堂（St Jude's Church）里有一座纪念碑，用来纪念战争中逝去的375000匹马。在电影《西线无战事》中，一阵炮火过后，空气中充满了受伤战马的嘶鸣声。有一匹马已经被开膛破肚了，摇摇晃晃，又被自己的肠子绊倒了。“我跟你说，”一个士兵说道，“在战争中使用马是最卑鄙无耻的行为。”①

空气中的嘶鸣声比那些无法“号啕大哭”的啜泣更剧烈。士兵们能“忍受任何事情”；但是叙述者保罗有一段对毕加索的作品《格尔尼卡》的前瞻，其中有句话说道，“这是无法忍受的，这是世界的呻吟，这是罹难万物痛到发狂，充满恐惧，最终哀嚎不已”。马历来在纪念碑中扮演的角色不是托起圣乔治，不让他被恶龙抓走，就是把凯旋的将军抬高到比日常生活

---

① 科马克·麦卡锡（Cormac McCarthy）在小说《天下骏马》（*All the Pretty Horses*）中提出了相反的观点：“他提到了墨西哥沙漠中的战役，告诉大家那些他杀死的马。他认为马的灵魂比人类想的还要贴近人类的灵魂，马也热爱战争。人们认为它们只学到这一点，但是没有任何生物能懂得他心灵无法承受的东西。”——原注

更有威势的高度。不管是哪种角色，马都是一个附加的底座。[1]

亨利·戈齐（H. Gauquié）在索姆省希皮利市（Chipilly），给伦敦第五十八师建了一个纪念碑，外形是一个士兵和一只受伤的马。它双腿跪地，双眼充满恐惧。士兵一只手挽着马脖子；另一只手轻拂它的下颌，用前臂托举马儿扭动的头。他用尽全力安抚受伤的战马，他像爱人般轻柔地将双唇贴在它的脸上，好像他俩快要陷到脚下的石雕泥巴里了。

“是个优秀的马夫和车夫。将他负责的动物照料得很好。”

车夫照顾着他带来战场的受伤的战马。欧文将自己比作“牧工”或“牧羊人”，像“羊群车夫”一样照料他的百姓。在战斗中带领士兵“躲过枪林弹雨”，最后如“牛羊”般逝去。大部分大战作品都会把军官比成牧羊人，把其他级别的士兵比成羊。保罗·福塞尔（Paul Fussell）就记下了“其他级别士兵穿着统一发行的羊皮大衣，羊毛露在外面”。正如战争经常发

---

① 最后一尊在伦敦竖立的雕像是1934年的黑格伯爵（Earl Haig）像。——原注

生的那样，现实总是比隐喻领先一步：1917年，法国军团向前线行进时就像小羊羔般在前去屠宰的路上咩咩叫着。

同年早些时候，萨松也说军队在前往法国的路上"快乐得像牲口似的……他们不是'出去'做事，而是去接受发生在他们身上的事"。温德汉姆·路易斯的想法如出一辙，他认为海明威描绘出一种由战争创造的全新人类，这些人过着或者假装过着**不为人知**的生活。他身处让事情发生在他们身上的各种军衔当中——那全是些可怕的事情，而他理所当然地逆来顺受。

七十五年过后，本尼迪克特·安德森（Benedict Anderson）透过更宏观的历史脉络清楚地表达了类似的感想：

> 与其说本世纪这场大战的特别之处是它们造成的生灵涂炭的规模之大，不如说是愿意牺牲生命的人数之多。难道被屠杀的人数没有大大超过屠戮者的人数？

正是这些人死去的方式使得这种说法得到了进一步的证实和肯定。西线百分之六十的伤亡来自炮击，

“可怜的马……”——康斯坦丁

而掩体是步兵面对炮击的唯一屏障。炮火将步兵从冲突中的主动参与者转变为十分被动的受害者，还有承受随时落下的爆炸威胁。路易斯·辛普森（Louis Simpson）后来说，“被轰击是步兵的主要任务”。

即使是不受死亡威胁的炮兵军官也只是战争机器手上的工具，用来校准，调整那些内定或预设好的破坏性设备。真正的侵略者就是技术本身。“人们不因军事设备而战，”法国总司令贝当（Pétain）总喜欢这样说，“而是因为军事设备为人所用而开战。”

如果说炮击意味着士兵们勇气的性质渐渐从莽撞转变为忍耐，那么毒气的登场则让士兵们陷入了一个更为难以忍受的绝望境地。一旦攻陷敌方的机枪阵地，机枪的危机就能解除。可是一旦遭受毒气攻击，所有士兵，包括发起攻击的人，只能听天由命。

相比于后来的光气和芥子气，最初的致命毒气氯气并没有什么作用。用尿液浸湿手帕，然后捂在鼻子上呼吸就可以免受毒气攻击，就像在蒂莫西·芬德利的小说《战争》（*The Wars*）中，罗伯特·罗斯（Robert Ross）让他的部下做的那样。而面对会腐蚀皮肤、眼睛及肺部的芥子气，人们无计可施，因为人们躲不过、挡不了，也逃不掉。芥子气不仅抹去了英勇事迹的可能性，就连用来彰显英勇的黑暗面——怯懦都消失得无影无踪。

芥子气是用来折磨人而不是杀人，它无色却致命，比氯气和光气的威力强十八倍——但有效的防毒面具很快就出现了。为了生存，士兵们只能任由工业技术摆布，但同样的工业技术却又创造出了毁灭他们的新办法。

这个世纪的模式早已设好：传统的士兵不过就是战争工厂和实验室的试验小白鼠。畏缩成了被动的英勇。大战的士兵越来越像二战中躲空袭的平民。“英雄成了受害者，而受害者也成了英雄”。人们总是说，人类不再开战，而是战争向人类提出挑战。因此，战争初期的热情是否在1916年的秋天消耗殆尽已经不重要了，冲突早已势不可当。

不管安德森主张什么，这一切都怂恿我们忘掉那些奔赴前线、希望为国捐躯、为国战斗的少年。我们总是习惯性地想到战争中的刽子手，却忘了被屠杀的人本来也会成为刽子手。像欧文、萨松与格雷夫斯等抗议诗人即便憎恶战争，却依然为了不同的原因继续打仗。多米尼克·希伯德指出，官方给欧文颁发军功十字章时，嘉奖令提到他曾“亲自操控被占领的敌方机关枪，……重创敌军”；在《书信选》（*Collected Letters*）中，欧文的家人把嘉奖令改写得较为温和，他“亲自夺取了敌方机关枪……并俘虏了一些人”。萨松任凭自己丧心病狂的暴力一次次发作，同时也对战争释放他内在的扭曲压力感到厌恶。格雷夫斯回忆说，他从来没有见过像萨松这样脾气暴戾的人——我杀死或因我而死的德国人根本比不上他的大屠杀人数。

跟往常一样，巴比塞率先在虚构作品中不仅抗议战争给人类带来的痛苦，也对人类在战争时期让他人遭受痛苦的能力进行了批判。在《战火之下》的最后一章《黎明》（*Dawn*）里，一名士兵把自己和同胞总结为“难以置信的卑鄙流氓、野蛮人、禽兽、土匪和下流的恶魔”。紧接着这群“受害者”中有个人说：“我们”是凶手。全体受害的凶手齐喊着：“军人的天职多么可耻，把人一个个变成愚蠢的受害者和可耻的畜生。”

什么时候
善良能重获这样的力量？

战争的影响经久不衰的原因之一，就在于同情与善意在如此暴行与屠杀之中不仅没有枯萎，反而时常绽放。

战争中最令人感动的总是敌人觉醒过来，意识到自己也有人性。这常常是由最简单的动作引起的——敌方士兵给俘虏递香烟或者从餐厅给他们带一瓶饮料。1914年圣诞节这天，整个西线战场暂时休战。有些情况下，特别是当双方的战壕距离很近时，双方就心照不宣地将休战扩展成“和平共处”方针。彼此克制，不去挑起对方的敌意。查尔斯·索利（Charles Sorley）早在1915年就意识到，“对任何一方来说，轰炸另一方，都会破坏这个永久维持百码之内战斗双方关系的不成文规则。因为双方都认为让对手不安就是间接地给自己惹麻烦”。

最令人心酸的是当自己意识到给敌人带来了痛苦，善意却喷涌而出。德军一名营长回想起1915年9月，当英国人开始从卢斯（Loos）撤退时，“整天下来，德军战壕没有向他们开过一枪，胜利过后给予敌人同情和恩惠的感觉真好”。

亨利·威廉姆森（Henry Williamson）记得自己看见一个撒克逊男孩被一辆破坦克碾轧，惨白的嘴唇发出呻吟“妈妈，妈妈，妈妈”。一名坐在旁边、腿部受伤的英国士兵听见声音，爬到垂死的男孩身边，握住他冰冷的手告诉他："没事，孩子，都过去了。妈妈在这里陪着你。"

各种战争回忆录及口述证词都有类似的桥段。百姓为了鲜血和胜利厉声征讨；与此同时，前线战士却成了民意的工具。用亚瑟·布莱恩特（Arthur Bryant）的话来说：德国人唱着为反抗英国所谱写的恨意颂歌，而在这个世上最文明的国家，连盛怒下的拳打脚踢都没见过的温和无争的英国绅士与淑女却一提到和平就冷笑，还说整个日耳曼民族就是一群野兽。只有战线上没有恨意：因为这儿只有煎熬与忍耐，死亡和无尽的损耗。

在《战火之下》中，疲惫不堪的法军生还者和德国小分队在泥泞中并排睡着。精疲力竭时的团结令友好愿景愈加强烈，使得战争无法立足。战壕中的经历让巴比塞想到了一个社会主义与和平主义的未来。如此说来，1917 年春天撼动法国军队的动乱就像革命的不祥预兆。动乱被镇压了，纪律也重整了，伙食与放假情况也改善了。可是，相似的经验可能会导致更加极端冗长的不满，就像"被战争蹂躏的人……认同改良的社会主义传统，崇拜大地，喜欢从战壕烂泥里滋长的暴力的人”都会从冲突中浮现出来。

“那就是个笑话，”听到战争结束时，一个德国兵说道，“我们就是战争。”

1921年，伦敦的停战纪念日被失业者的示威游行打断，他们的标语写着：“缅怀逝者却忘却我们”。1932年（布伦顿版的欧文诗歌出版一年后），D.H.劳伦斯匿名发表了《最后的诗歌》（*Last Poems*）。他在其中一首诗中展现了对30年代日益深化的压抑与政治动荡的先见之明，仿佛传达无谓牺牲，“怨声载道，愤愤不平”的死者们“发出的愤怒的声音”。虽然这些“愤怒的死者”与战争的关系模糊不清，但他们绝对脱不了干系。在11月给“死者设一个纪念日”，这首诗让人觉得曾经过国家纪念碑的死亡代理人大军现在也加入了幻灭、失业、破产的示威人群。一劳永逸的战争势必会引起另一场战争，一个让民主安身立命的世界，却充满了愤怒亡人的背叛：

> 啊，但要小心，小心愤怒的死者。
> 他们知道，他们知道我们当今苦难有多少
> 来自气愤，无法瞑目的死者
> 他们从生命中被挤出去，而今回来找上我们

怨恨，怨恨，因为我们见死不救。

面对失业、通货膨胀与和平时期的屈辱与贫困，战壕里的有难同当为整体归属感提供了传奇般的化身：每个人都沉浸在等级森严的平等社会里。而在德国，体现这一理念的运动认为和平是战争的延续，是为达成战争目的的手段，最终将在暗潮汹涌的二十年的战争间隔之后，全面卷土重来。

萨松记得，当士兵们得知他们得放弃自身意愿、服从军队指挥时，几乎变得开心了起来；纳粹主义把个人意志纳入德意志帝国及元首的意志中。军队向士兵们灌输军事理念，从而建立起意志形态的命令。

“第三帝国源于战壕”，鲁道夫·赫斯（Rudolf Hess）说。但是将服从视作理所应当的英勇理念也在这里终结。索姆河战役的一名英国幸存者记得战争改变了他——它改变了所有人……每个人都需要接受军事训练。这对他们是好的，这会让他们服从。现在有些年轻人需要服从。他们不懂什么是服从。我们的一生都是服从。

这段话暗含矛盾，也屈从于它所拥护的东西，心照不宣地承认了正是大战的经历使顺从和奴役互相影响，亲近难分。从此以后，服从就有了屈从和共谋的一些特性——不管是对受害者还是行凶者来说，在大屠杀的时候，这种特性都到达了顶峰——而所有相关的英雄事迹，都带有拒绝、造反和反抗的某些特质。反抗是下一次大战的关键词。D.H.劳伦斯在康沃尔补充兵的身上看到了这种英勇的顺从特质，他在1916年7月记下了："他们都很勇敢地接受磨难，但却没有人有勇气拒绝磨难。"

也许1914至1918年间真正的英雄是那些拒绝服从、拒绝参战的人。这些人果敢拒绝，也不受战争压迫。他们坚持自己的权利不受磨难，绝不让事情发生在自己身上。

这就是为什么尽管我经历了一连串的绕路，拐错弯，掉错头，我还是要竭尽全力找到巴约勒蒙村(Bailleulmont)。

那里有一个公共墓园，在一堆杂乱无章的平民坟墓中藏着几块军事墓碑。不过跟往常不一样，这些墓碑是用褐石制成，其中一块刻着：

二等兵　编号10495

A. 英厄姆（A. Ingham）

曼彻斯特军团

1916年12月1日

黎明时枪决

第一批入伍士兵之一

他父亲的

优秀儿子

跟其他三百名士兵一样，埋葬在巴约勒蒙的四名士兵也是因为擅离职守或临阵脱逃而被处决。其中两个人，英厄姆和阿尔弗雷德·朗肖（Alfred Longshaw）是一起在索姆河服役的朋友，他们一起逃跑，一起受处决，现在也葬在一块儿。多年来，英厄姆的家人相信他只是“因伤而亡”——正如其他受刑士兵的墓碑碑文所写——可当他父亲得知真相后，便坚持要把这些话添到墓碑上去。

最近，示威游行不断升级，要求宽恕被处决的逃兵。《独立报》上刊登的一封信生动地描述了我们心目中的英勇理念已经发生了很大的改变：

我父亲在第一次世界大战中备受嘉奖——杰

出服务奖，军事奖章，而且三次战地报道都提到了他。但是他觉得最骄傲的时刻，是在清晨押送逃兵去受处决时让他逃走。这并非事后诸葛亮，而是一名曾历经前线所有艰难险阻，并在此过程中失去自己臂膀的人做出的判断。

逃兵之墓变成了英雄之墓；荣耀不在于尽忠职守，而在于恻隐之心造成的失职。[①]

“我见过他们，我见过他们……”

战争持续着，只有画面，没有声音。同样的面孔，同样的战场。人们向前线进军，挥舞着钢盔。炮火攻击，补给不断：子弹，炮弹，口粮。在战壕里打闹，吃午餐。继续行军，继续轰炸。攻击。抓到头几个战俘。零星的伤亡。周遭一切面目全非（有地雷爆炸坑的特写）。破败的村庄。伤员步行回来。大批的

① 1994年5月15日，在伦敦的塔维斯托克广场举行了纪念碑揭幕仪式，这块碑上写着“献给那些曾坚持，如今还依然拒绝杀戮的人们”，碑文底下还写着“他们的远见与勇气给了我们希望”。——原注

部队，带着那些惨遭剃头的德国佬回来……

我在帝国战争博物馆观赏馆藏的战争纪录片。每部片子看起来都一模一样。它们的拍摄形式就像取景地的堑壕战僵局一样。

相机停止了一切。士兵们目不转睛地盯着看。在一次战前祷告时，没有人听随军牧师在说什么：大家都忙着看相机，一边看一边咧嘴笑。这场战争就是开口笑竞赛，而协约国笑到了最后（德国佬只能惨笑）。只有那些我们从未见过、伤得最重的士兵才不会对着相机露齿而笑。对镜头这么敏感必然会带来一些糟糕的演技。没有什么比《索姆河战役》（*The Battle of the Somme*，1916年8月12日首映，公众对其画面之真实大为震惊）中，部队正要爬出战壕的连续镜头还糟。这个出名的虚假画面事实上是在训练场上拍的。士兵倒下，濒临死亡，回头看向镜头，然后双臂交叉抱在胸前。

相较之下，抽烟的画面非常真实。每个镜头中至少有一半的人在吞云吐雾。他们拼命抽烟，以至于你会想他们是不是想尽可能地增强对毒气的抵抗能力。在我们眼里，这些电影是绝佳的香烟广告。特别是这些烟鬼中，有一大部分在几天或者几小时内就要被炸得粉碎了。因此可以在二十年后得肺癌反倒成了奢侈的妄想。此外，在这些电影里，烟雾、毒气、炮火、噪音、潮湿，以及恶劣的排水和卫生条件，影片中都有提到，但战争却似乎完全无视士兵的健康。

值得注意的是，这也不会造成什么严重的后果。吉尔伯特·阿代尔曾指出，在好莱坞的越战电影中，“当美国人发现自己在相机视野范围之内时，他就已经身处险境了”。在这个第一次世界大战的纪录片视角里，镜头画面是安全的港湾，是危险的避难所。出现在影片里，就不会受到伤害了。

很少有人死，而且无论如何死的都是德国人。对托米（泛指英国士兵）来说，他们不过是受点小伤，有时候头上缠上绷带，最多是走路一瘸一拐。战斗结束后，不分敌我踏步回营——托米扶着弗里茨（泛指德国士兵）——仿佛是在糟糕的场地打了一场激烈的橄榄球赛。赛后他们握手言和，宛如兄弟一般：英国士兵跟德国战俘交换帽子（字幕上写着“托米与弗里茨交换帽子”），大家在一旁观看。总之索姆河战役跟安克尔战役似乎就是毫无伤害的纷争。

在协约国看来，这场战争毫发无损，而且大获全胜。德军的角色就是挨炮弹，然后大量投降，最迟在1917年，全军都会被围剿。

影片继续。每个人看着都一样。每个地方不尽相同。每场战役也都相似。尽管标题和地图给人一种轻易地取得了一连串的胜利的错觉，但是影片本身就自相矛盾：如果一切这么顺利，为什么要一再地进行同样的战斗，在同一片土地上停留数月？正如塞缪尔·海因斯（Samuel Hynes）所说，战争最后是这样结束的：

> 一大批人员和物资漫无目的地穿过一个破败衰落的世界；这是无谓的暴力、被动的煎熬，没有开端，也没有结尾——这不是一场神圣的战争，而是可怕的命运。

这里使用“命运”二字并不合适，因为它们有目的、目标的意思。这样的话就与他的中心思想“什么事都没**发生**”相互矛盾。那这就不是“命运”，而是“**形势**”。

几小时后，我就对这种形势感到索然无味了。而一位穿着骑兵制服的军官的连续画面重新引起了我的兴趣。他戴着帽子，穿着靴子，披着骑行外套，“开”着一辆坦克。因为这是一项全新的发明，所有一旁的字幕上总是给它加上引号。“坦克”才是电影真正的主角。丑陋、缓慢，它笨手笨脚地在前线来回，安然无恙却令人心惊胆战。它是笨拙的钢铁甲壳虫，顽强的甲壳虫，更是一匹钢铁野马。当它颠簸辗转过满是弹坑的战场时，站在上面的军官得拼了命地僵直自己的上身。

这个幽默的插曲过后，一切又回归单调乏味、没有情节的常态。同样的面孔，同样的战场。我想象自己不停地看着这些片段，惊讶地发现自己居然希望影片出现当代纪录片的模式，期待原始的历史材料被重新剪辑，进一步编辑，重塑并置入历史背景中。我几乎还期待影片会出现BBC纪录片《二战全史》（*The World at War*）里我所讨厌的对老将军们的访谈。

战争继续着，只有画面，没有声音。同样的面孔，同样的战场。有一句字幕说这些不知疲倦的军队不停地行军。而我觉得自己是不知疲倦的观众，负重穿越了安克尔、索姆河及阿拉斯战役——我早已不再注意到底是哪一场战役，也没在做笔记了。我又坐了

15分钟，在椅子上越陷越深。最后我再也忍不住了，我站了起来，重重拍打放映员的门，哀求他："天哪，别放了。"

可以不用放电影了，他再高兴不过了。这样他也可以早点收工回家吃午饭。大家和平共处。走出门的时候，我准备好从那些更为勤奋的研究人员那儿接过一根白羽毛[①]了。

对我们来说，战争就是这样。我们可以随意停止。我们盯着战壕中士兵的照片。雪，泥土，寒冷，死亡。我们在那儿待久了，就会起身走开，翻页继续。

这部战争纪录片是用每秒16至18帧的手摇摄影机拍摄的。现代投影仪——就像博物馆放映室的那台——每秒播放24帧，所以画面很快就闪过去了。

博物馆主建筑中有一部特殊的投影仪，以正确的速度循环播放《索姆河战役》的片段。人们前行进军，幸存者一瘸一拐地走回来。这是一条人龙长线的中间部分，一端是人们搭上前往法国的火车，另一端

---

① 从18世纪起，白羽毛在英国军队中就是懦夫的徽章。

则是他们一路蜿蜒，途经和平纪念碑。无限循环：一条人群大河，流向死亡。他们死了，却还要去死。他们不停朝前线进军，步伐缓慢，永不停歇。身处克雷格洛卡特（Craiglockhart），萨松回想起的战争画面几乎与此如出一辙：

> 我想象着一列看不见尽头的行军士兵，他们从后方奔赴前线时沿路高唱《蒂珀雷里》（*Tipperary*）；我看着他们排队沿着破败的道路前进，在泥地里拖着破靴子前行，直到他们来到满是树木残根与骸骨的弹坑前。

由于当初的摄像机是手摇的，所以不可能与投影仪完全同步，因此动作经常会慢一拍。像是用很慢的快门速度拍出来的照片，慢到画面都动了起来，照片变得“像幽灵一般”。

“过去从不会消亡，”威廉·福克纳写道，“它甚至还没有过去。”

爬出壕沟前，一名军官说自己的部下看起来有点恍惚。澳大利亚官方战史学者查尔斯·比恩（Charles Bean）写道，战斗开始后，“士兵们好像梦游一般，双眼圆睁，目光呆滞”。另一位幸存者回忆起自己“像梦游的人”穿越战场。大卫·琼斯（David Jones）这样描写战后疲惫不堪的士兵，“他们像梦游的人那样走来，身体不受大脑控制，毫无生气，只想着要休息”[①]。

在曼宁的《命运中央》（*The Middle Parts of Fortune*）里，一连士兵正要出发，加入前线的主攻力量。士兵们面面相觑，“眼神生疏奇怪，世界变得空洞又不真实，他们走入迷雾却无人相助”。当出发的命令下达时，出现了动身的轻声低语，以及踏步的含糊节奏，似乎在与时间赛跑。泥浆浸透他们的军靴，但他们继续默不作声地摇摇晃晃踏步前行……薄雾将他们围绕，颤动着形成小小的漩涡，仿佛他们从来不存在于土地、生命和时间当中。

萨松回忆录中最经典的一段写的是他看见精疲力竭的一师结束索姆河进攻后回来：

现在是一阵沉默，我听见了马的嘶鸣声：尖

---

① 在后面的几页，琼斯用了一个发人深思的短语叙述“在迷雾中行走的人”。——原注

锐、恐惧而又孤独。接着回来的军队开始列队出发。营火微弱，拖着步伐，摇摇晃晃的队伍缓缓归营。在前面的是野战炮，跟着是骑在虚弱马匹上僵直上身、摇头晃脑的人。然后是货车、大炮前车与战地炊事车。轰隆作响的车轮之后是步兵团，他们步履蹒跚，队形散乱。如果有人说话，那也只是喃喃低语，马匹上的军官像是睡着了一样。士兵用汽油罐接自己的急用水，刺刀与之碰撞，叮当作响。除了拖行的脚步声，这是唯一的声响。灰头土脸的人们踉跄前行，身上挂着步枪，以近似鬼魅的姿态一掠而过，被钢盔压得抬不起头。

萨松对自己所见感到“震惊”，仿佛他“看见的是幽灵大军”。受到投射性回顾的战时典型态度的影响，萨松觉得自己“目睹了百年后的史诗诗人可能遥想的景象”。将近九十年后，这部影片成了史诗级的无止境的战争诗篇。

一位士兵肩扛受伤的同伴，缓步走向摄像机。静默无声，像鬼一般，缓慢前行。

看着这些梦游的角色，我们进入了梦境时光、死亡时刻：被记起的逝者的梦。

一条人群大河，流向死亡。不停向前线进军。踉跄回来的幸存者越来越少。

整段影片清晰地呈现了一个事实：战争，于普通士兵而言，就是换种方式继续做苦力。战场即是广阔的露天工厂，工时超长，没有工会，历来无视安全标准，因而包含了农业劳作和工业轮班最糟糕的部分。那支“由养马人、庄稼汉和田间工人组成的不可思议的军队”，用罗纳德·布莱斯（Ronald Blythe）的话来说，“在1914年逃离了农村生活的悲惨”，却在佛兰德斯遭遇了更为悲惨的体验。矿工们发现自己从事的是与和平时期相同的工作——只不过此处的地下挖掘是为了在敌人的脚下埋入成百上千磅的烈性炸药。与此同时，德国人也在进行类似的活动，有时两个隧道系统会相互打通。地下数百英尺，“在这些隧道之中，双方掐住彼此的喉咙，用锄头和铲子击打对方至死”。

至于地面上的士兵，影片中记录的主要活动就是搬运。战役之前，搬炮弹；战役之后，扛担架。有人意识到，人生说到底就是一个装货和卸货的问题，一个取件和搬运的问题。很多炮弹重得抬不动，只能用绞车吊起或者滚动就位。每件装备看起来仿佛都有千斤之重。没有一个尼龙包或者一双格尔泰斯靴是轻量级的。一切皆为铁铸木制，就连衣物看起来都像是用铁屑编织而成。所有东西都比往常重多了。他们装备压身，与其说是行军到了前线，不如说是他们把自己搬运到了那儿。厚大衣不是被穿破的，而是被重量拉破的：

> 我们在行进中遇到了一队加拿大人。
> 他们的大衣至少有八十磅重。

这是历史给我们上的一课：事物会越来越轻。未来或许不会比过去更好，但一定会更轻。因此，所谓负担，就是过去的重量。

看到查尔斯·萨金特·贾格尔（Charles Sargeant Jagger）的纪念雕像时，我们对这一点的感受尤为强烈。一些雕刻家会将石头摆弄成虚假的轻盈姿态；贾格尔却凸显其沉重感。

在 1907 年的浮雕作品《苦干》（*Labour*，已遭破坏）中，一群男人正艰难地转移着一件装备；右边角落里有个人似乎筋疲力尽或是受了伤。正是最微小的细节点缀才使得这幅场景成了坐落于海德公园角的贾格尔名作《皇家炮兵纪念碑》（*Royal Artillery Memorial*）上的一幅浮雕。

我们曾在8月的某个夜晚到过那里。树木层层掩映，常受车流阻隔，车上的其他人竟都不知道这座纪

过去的重量

念碑就在那里。我们一行四人醉意蒙眬。凌晨两点，天气仍暖，月光掠过那几尊黑色的人物雕像。我们抬头看着那尊携带着炮弹的雕像，他的双眼茫然地凝视着未来，又或者是凝视着过去，又或者是凝视着最终成就了现在的一切。

“长长的大衣口袋里装着四个十八磅重的炮弹，人们看到这尊雕像时会忆起往昔，侃侃而谈。”《曼彻斯特卫报》在纪念碑于1925年10月18日揭幕的第二天如此报道。

据说，如果炮弹能被伪装起来，他也许就会背着它们长途跋涉，还很有可能在腋下多挟两个。这等于在九十六磅重的炮兵装备上又增加了巨大的重量。即便是安息了，这些装备的重量仍在拖累着士兵们的身体。我们绕着纪念碑走动，远离马路上的喧嚣。纪念碑的另一侧有尊身上盖着厚大衣的躺倒的雕像，他的部分面容：一只耳朵、下巴的线条都清晰可见。重量与他一同死去。

贾格尔的风格独树一帜，他将石头与装备这般庞大的沉重感和最精妙的细节融合在一起：你能够看到搬运炮弹的士兵前臂上的汗毛，听到等候在帕丁顿车站的士兵阅读信件时发出的沙沙声。他脖子上围着围

死亡的重量

巾，肩上披着厚大衣，专心致志地读着信。来自书信的美好展望与忧思。倚在工业咖啡馆的吧台上，“我打开了写有我名字的信封，上面是你的笔迹。信的第二段，你用新学的英语口语问我‘振作’得怎么样了”。

贾格尔的人物雕像在规模和力度上会令人联想到

查尔斯·萨金特·贾格尔：在帕丁顿站台的纪念碑

古典雕塑中的英雄形象，然而他们却是十足的凡人。他所雕刻的都是普通人，其英雄品质在于坚忍。1915年11月，贾格尔在加里波利（Gallipoli）中枪，子弹射穿了左肩；1918年4月，他又在诺维艾格里斯战役中身负重伤。两次伤后他都迅速康复。“我痊愈了，”他在1918年5月写道，“几乎在受袭之前我就痊愈了。”他在雕刻中凸显的不是人体的脆弱，而是其坚韧和振作的能力。他的人物雕像——最为突出的是霍伊莱克与西柯比纪念碑（Hoylake and West Kirby Memorial），或是帝国战争博物馆中以相同设计草图铸造的《拭炮人》（*Wipers*）——都坚守阵地，保卫着他们自己的记忆。他们的背脊通常都实实在在地倚靠着墙壁。

公共雕塑往往力图实现自身的最大影响力。所以，呈现这样的人物雕像面临着内在的困难，因为他们与自己曾经的主要目标恰恰相反：实现自身的最大隐匿性。白天，前线部队都潜伏在地下；只有在夜色的掩护下或者大举进攻时才敢来到户外。因而，多数情况下，一尊逼真的人物雕像不应立于柱基之上，而应立在柱基之后，或者——理想条件下——在柱基之下寻求掩护。

同几乎所有出自贾格尔的人物雕像一样，这些炮兵军官得到了这座纪念碑的掩蔽和保护。只有朴茨茅斯纪念碑（Portsmouth Memorial）那几位蜷缩着的机枪手是暴露在空中的。

贾格尔或许是最优秀的一位得益于阵亡将士纪念活动需要的雕刻家，但并非唯一一位。当时，法国的多数英国纪念碑的制作都委托给了建筑师，但国内的雕刻家们却在战后迅速雄起。对于法国的雕刻家来说，他们的时机更胜一筹。三万座战争纪念碑——或者说每天五十座——于1920至1925年间在法国建成。“自希腊人之后，自教堂建造之后，这样的黄金时代再没出现过，”塔韦尼耶（Tavernier）的电影《人生如歌》（*Life and Nothing But*）中，一位纪念碑雕刻家如此说道，“即便是最笨拙的雕刻师都接到了数不清的委托。就像工厂的生产线。说什么文艺复兴，这简直是耶稣复活。”

纪念碑艺术品都在回顾过去，它们主要受到国家和军队的资助，总是趋于保守，鲜有试验性——尤其是在早期，我们所纪念的这场战争认为传统是英国和家园的属性，而现代则是敌人的属性。传统的具象雕塑以含蓄的方式与胜利欣然共处，或者至少接受了一种较为温和的论断：战争并非全然无用。以同样含蓄且充满悖论的方式，现代主义——在见证了其统一胜利的战后岁月里——似乎认为自己是战败的属性，或者更温和一点，认为自己是用来对某些价值观表示敌意的，而战争正是以这些价值观为名发起的。

值得注意的是，主要的现代主义纪念碑作品都是在德国这个战败国家由恩斯特·巴拉赫（Ernst Barlach）和凯绥·珂勒惠支（Käthe Kollwitz）设计的（两人的作品后来都遭到了纳粹的责难）。

在英国，纪念碑大多是由像阿尔伯特·托夫特（Albert Toft，1862—1949）和威廉·格斯孔·约翰（William Goscombe John，1860—1953）这样年纪较长、名声较响的雕刻师制作的。即便是较年轻的雕刻师，如沃尔特·马斯登（Walter Marsden，1882—1969）、吉尔伯特·雷德伍德（Gilbert Ledward，1888—1960）以及贾格尔（1885—1934）本人，他们所制作的重要作品也是以传统形式浇筑而成的。

“幸存者的愤怒”——詹姆斯·扬（James Young）如是称之——也是纪念碑固有保守性的一大决定因素。作为逝者的代言人，幸存者往往对抽象再现过去充满了敌意：“很多幸存者认为他们所经历的严酷事实必须体现在一座尽可能如实的纪念碑上。”公众对试验性或抽象的作品如此心怀敌意并不一定就是执迷不悟或是对艺术的一窍不通。托夫特和贾格尔的纪念碑作品就比一些不怎么传统的作品更经得住考验。比如爱德华·肯宁顿（Edward Kennington）的作品，那些简单的图腾形象，挤在巴特西公园（Battersea Park）里的一方柱基之上，久而久之，已然无法实现纪念碑的基本功能：给过去以形，承载过去。

然而，在需求和社会美学力量的这种交汇中，纪念雕塑的可能性得以显现。这种可能性至少在英国从未出现过，在艺术史上也从未存在过：一种受伤的现实主义，一种扎根于具象传统但又遭到现代主义侵害的雕塑艺术；一种被其想要展现的历史经验击得粉碎又凝聚在一起的纪念雕塑。这样的纪念碑形式也许类似于扎德金（Zadkine）的《鹿特丹纪念碑》（*Monument to Rotterdam*）或者恩斯特·内兹韦斯特尼（Ernst Neizvestny）的《受刺刀伤的士兵》（*Soldier Being Bayoneted*）。这两件作品均完成于20世纪50年代，但都使用了“起源于20世纪20年代初的雕塑语言”。

威廉·勒姆布吕克（Wilhelm Lehmbruck）的

《倒下的人》（*The Fallen*）年代稍早，建于1915至1916年，这件令人难忘的作品说明雕塑语言正开始利用强烈的哭诉来展现自己了。一个浑身赤裸的人五体投地，模样痛苦颓然。整个欧洲的悲痛似乎都压在了他的背上，但是这个倒下的年轻人仍在支撑着自己，抵抗着崩溃前的最后一丝增重（他的脑袋着地，这虽是无助的标志，却增加了雕塑的结构稳定性）。勒姆布吕克的另一件作品《思想者的头颅》（*Head of a Thinker*）展现的是一个看上去断了双臂的人物，只剩下肩膀上粗糙的残肢；他的左手紧握着贴在突出的左胸前。列姆布鲁克曾在柏林一家军事医院当勤务兵，所见的伤残和痛苦令他深受打击。1919年，他自杀身亡，但其作品或许已经为后来的纪念碑树立了典范。

类似的作品（更优秀的雕塑作品），不会像勒姆布吕克那样暗中隐去艺术家所遭受的与倒下的士兵一样的苦难——本可以推动它们在战争期间的英国自立门户。如其不然，鉴于具象雕塑具有描绘英雄及其事迹的固有传统，比以往任何时候更能露骨地展现战争苦难的现实主义雕塑还是有发展前途的：在机关枪的子弹中前进、一群倒下的男人，在泥潭里挣扎的担架员……雕塑作品的确会展示受伤的士兵，但是那些伤口会被严重形式化，形成阻碍而非致残。对屠杀的雕塑再现只出现在贾格尔的浅浮雕作品中。如今，在帝国战争博物馆里，贾格尔的《无人之地》（*No Man's Land*，1919—1920）呈现的就是遍地的尸体和伤员，其中一人还被钉在了铁丝网上。

像这样对战场的直接描绘却没有得到充分的三维展现，这凸显了另一种缺失——特别是当浅浮雕作品这种形式被视作照片的青铜或石制对等品，被视作静态的推拉镜头。尽管摄影师可以表现出战争的后果，但无法实体地捕捉战争本身（索姆河的士兵们跳出战壕时的连续镜头明显有假的原因之一正是**因为**它被拍成了电影）；作为一种艺术的表现方式，雕塑能够呈现出镜头所无法展示的战场体验。虽然能人众多，但英国却没有一位雕塑师——甚至包括贾格尔——拥有这等远见、自由和力量。雕塑师没能像欧文利用文字一样，利用青铜或石头来表现战争。

雕塑艺术的这份没有得到重视的发展潜力实际上只是一种尝试，试图清晰地表达出一种曾经**存在过**的东西有所消逝的感觉：一种依靠包裹、定义它们的时间和空间，而非石头或青铜，来描述它们的方式。现在缺乏的是寻找新形式的意识，是对新内涵的探索，而不是被动地依赖于过去积累下来的工艺[1]。

即便有此缺乏，现实主义纪念碑仍然代表着英国公共雕塑的一场繁荣。它们或许并非出自个别能人异

---

① 最终，战争经验也许的确在一位雕塑家最具代表性的作品中得到了表达，他的作品特色正是对具象和抽象的省略。亨利·摩尔（Henry Moore）于1916年参军，当时他18岁。1917年，他在康布雷（Cambrai）担任机枪手时遭毒气袭击。入院就医两个月之后，他成了一名拼刺训练的教员。安东尼·巴内特（Anthony Barnett）曾含蓄地表示，这样的经历对“这名发现了缺口的雕塑家”来说意义重大。更概括地说，巴内特认为，正是摩尔的战争经历“生动地解释了他的作品中斜倚人物的可怕凝视和残废姿态，同时又从中获得了表达”。如果把摩尔的斜倚人像散乱地放在一块土地上，我们就仿佛亲临“大屠杀的现场”。巴内特的观点不够犀利明确，有点隐晦曲折。他费尽力气试图指出，尽管摩尔的典型作品“从某种程度上必须被视作是与（他的战争）经历相融合的成果”，但我们不能将其“贬为对战争的回应”。摩尔的作品应与纪念碑形成对比，后者独具特色地视战争为“本该其乐融融的社会的悲剧性爆发”。如前所述，战争，对于工人阶级的士兵来说，是在以其他的形式继续进行劳动，是对矿场和工厂强加给他们的痛苦的放大和加强。摩尔是矿工之子，他没有用抗议来回应战争，而是成了“生命之道的见证者，并于某一刻在大战中得以表达”。他作品中的人物呈现出的是对武装力量的妥协，后者有压倒之势，但从未摧毁他们。——原注

士之手，这说明，在任何艺术的历史上，一般人的表现潜力都有可能超越之前或之后的杰出人士。时至今日，要将人的形象融进如此强有力的态度中并非易事。现在，只有出类拔萃的艺术家才能达到纪念碑雕塑家平日里信手拈来的水平，而除了贾格尔，他们几乎全被遗忘了。

我们开车去艾兰路球场观看利兹对埃弗顿的比赛时途经了基斯利（Keighley）。云彩紧拥着大地。外国人可能会觉得厚夹克是英国的民族服装吧。最常听到的噪声是抽鼻子的声音。但凡不是灰色的事物——云朵、马路、鸽子——就是棕色的：长椅、房屋、树叶、青铜浇铸的士兵和水手以及他们身后纪念碑上的胜利女神雕像。车流穿梭，来往的顾客行色匆匆。士兵站得笔直，尽力不去在意他的步枪上早已折断的刺刀。

我们在布拉德福德（Bradford）停下来，吃了顿咖喱饭当作午餐，这里的青铜士兵也是同样的命运。他们一定也曾雄赳赳气昂昂地大步前进，一边一个，立在这座纪念碑两侧。如今，他们得轻手轻脚地往前走了，仿佛在玩毫无危险的捉迷藏游戏，一不小心就会吓到对方。实际上，刺刀在1914年就已经被弃用了——“没有人在大战中是被刺刀捅死的，”一名士兵如是说道，“除非他先举起双手。”——但这个事实却提高了它的必要性。就如现在，刺刀具有象征性和装饰性的功能：没有刺刀，雕塑会失去其内在的活力且无从弥补。

相比之下，在霍尔本（Holborn）——或者在弗莱尔（Flers）更为安静的法国村庄里，那里有一尊几乎一模一样的雕像——地基之上的一名步兵，手里拿着步枪，周身围绕着巨大范围的空气，从头顶到刺刀尖再到拖在身后的那只脚。这样的框架环境令这座雕塑（出自阿尔伯特·托夫特之手）更为强大也更为脆弱，扩大了他的空间掌控，让我们仿佛是通过狙击手的视线，将注意力集中在这名士兵的正中心。

到了艾兰（Elland）的哈德斯菲尔德（Huddersfield）附近，日光已然退场。暮色降临在光秃秃的树间。这里的十一月可以在一年之中延续十个月。潮湿的落叶覆盖着潮湿的草地。花岗岩柱基之上的一名青铜士兵一直立在丝丝烟雨中放哨，凝望着潮湿的路面。他的大衣领竖着，抵挡正要袭来的寒气。古老的雨水顺着他的头盔滴落下来。除了他的肩膀上的那道铜绿，所有的颜色都是灰的。布罗茨基曾说：

拄着他的步枪，

无名的士兵变得更加无名了。

在斯泰利布里奇（Stalybridge），一名士兵奄奄一息。他蜷缩着身体，但天使已经在身旁了；她一直等着，似乎就是在等这一刻。伯杰曾如此描述过法国村庄里另一座几乎一模一样的纪念碑：天使没有救他，但不知怎地，照亮了士兵阵亡时的模样。而握住他手腕的那只手却提不起什么重量，比护士搭脉搏的力道大不了多少。如果他的阵亡看上去被照亮了，这也仅仅是因为两个人物的原材料是同一块石头。

这片国土上到处都有这些英军士兵：离开自己的爱人（在纽卡斯尔），戒备，歇息，读信，进攻［在格拉斯哥的凯尔文格罗夫公园（Kelvingrove Park）］，包扎伤口［在克里登（Croydon）］，帮助受了伤的同志们［在阿盖尔郡（Argyll）］，奄奄一息，返乡（回到剑桥）。他们的造型常常会彼此类似，再现并保存了战时英军士兵的各种姿态中的一部分。这让我想起了那些空军，是他们启发了我对纪念碑艺术的品味。

年龄或许不会令他们疲乏，但是岁月却谴责了他

这片国土上到处都有这些英军士兵……

们。日晒雪打，他们要么身披大衣在夏日里流汗，要么穿着衬衫在漫长的冬日里受冻。他们受到女权主义者的抨击——“死掉的男人不会强奸”——又遭到文物破坏者的蹂躏，全都在污染中渐渐腐朽。他们无力保护自己，如同盲人一般，他们受到的唯一捍卫就是我们的尊重。

有时候，他们只是新的无人之地上的旧物，周围

艾兰纪念碑

是破产的企业、闭门的办事处、失灵的电梯和废弃的楼房。他们在此驻扎已久，似乎已然成了这片土地的一部分：难以想象他们不在这里的样子。如今，过了这么多年，当年目睹这些雕像揭幕的孩子们都垂垂老矣。或许，他们当时要纪念的是他们自己的幸存，这是战争纪念经久不衰的主题。雕塑最为常见的样貌——低头的士兵，拄着枪口朝下的步枪——实际上

自说自话的理想化战争记忆

代表着战争纪念的自给自足的设想：那些被纪念的士兵和那些纪念他们的士兵。像这样的雕塑是在呼唤——也是在围绕——战争纪念的行为本身：对观看这些雕塑时产生的感情的理想形态的表达。

整个20世纪20年代，特别是30年代初，纪念活动的仪式都在努力地与和平大业相结合：有人认为战争纪念碑应该叫和平纪念碑；和平誓约联盟售卖白色的“和平”罂粟花以替代英国老兵协会的红色罂粟花。然而，到了1928年，公众已经开始不再认为自己正处于战后年代，用当时一位评论人的话来说，他们开始“感觉到自己正生活在‘走向下一次大战’的新时期”。但这正是第一次世界大战得到纪念的时期——在小说和回忆录中——其程度也最为强烈。战争纪念活动的理念里掺入了战前准备的概念，这又是一种奇怪的时间上的省略。相应地，为纪念第一次世界大战而竖立的雕像也开始斯待第二次世界大战。与德国人的大战再次临近，纪念雕塑开始呈现具有象征意义的重新武装的姿态，其任务不单单是在保护过去，更是在戒备可能到来的未来。

在克里登纪念碑上，P. J. 蒙特福德（P. J. Montford）的雕像正在包扎伤口，仿佛是在为下一次出战做准备；在日光港（Port Sunlight），两个健全的男人——由威廉·格斯孔·约翰雕塑而成——正准备保护另一名受了伤的男人；约翰·安杰尔（John Angel）位于埃克塞特（Exeter）的雕塑作品和沃尔特·马斯登位于海上圣安妮（St Anne's on Sea）的作品展现的都是精疲力竭但准备就绪的士兵形象（如果必要的话，在胜利中折断的步枪会在这一座雕像中被挥作棍棒）。

贾格尔的雕塑人物尤其鲜明地处于这样一种崭新的状态之中，在他们身上，战争纪念与坚决的信念结合在了一起。人们建议皇家炮兵纪念碑中应当融入象征和平的理念，他对此予以反抗，并强调炮兵部队的“恐怖力量”代表的是“众多的遗言”。他坚持认为这座纪念碑是一座**战争**纪念碑。

在朴茨茅斯的南海岸，贾格尔的机枪手们已经各就各位。我们打算盘踞在我们的岛上大本营中，那这些疲惫的英军士兵就成了雕塑版的地方军：他们在上一次战争中起到的主要是象征性的作用。这一次，需要保护的不是英勇的比利时而是英国自己——而且这些雕塑人物日日提醒着英国坚决固守的信念。他们饱受打击但坚韧顽强，遍布街头巷尾，是丘吉尔决心反抗侵略者的有形预示。

1944年，位于圣詹姆斯公园的警卫师纪念碑（Guards Division Memorial）在德国的轰炸中遭到了严重的破坏。雕塑家吉尔伯特·雷德伍德认为这提高了它的价值，因为“仿佛这座纪念碑自己还处于战斗之中”。当建筑工程部腾出时间来修复它时，雷德伍德建议一些“战争的光荣伤疤”应当得到保留——如此便记录了他的纪念碑是如何在纪念一场战争的同时又参与了另一场战争。

位于行政区大街的萨瑟克区战争纪念碑（Southwark War Memorial）是菲利普·林德赛·克拉克（Philip Lindsey Clark）的作品，它展现了一名大步向前迈进的士兵。这张照片摄于纪念碑揭幕后不久。很少有别的图像能够蕴含如此多从时间维度上的意义。

这座雕像保存或者说冻结了战争的某个时刻。这种图像记录本身老化得非常缓慢。自从拍摄它以来，雕塑和照片本身都一直在老化。如今看来，我们从一张旧照片中看到的是一座新雕塑。背景中凝视着相机的是四个男人和一个男孩。较长的曝光时间令这些人物——他们稍有移动——如鬼魅一般，尤其是右边那两位，我们一眼就能看穿。任何从中走过的人物都将全无踪迹。雕像是完全静止的，所以它实实在在，轮廓极其分明，所以，鉴于它展现的是一名果断前进的士兵，这也就愈加引人注目了。因此，这张照片记录了**正在流逝**的时间：既围绕着这座雕像（相对于看着它的人们，雕像固定于时间之中），又穿透了这座雕像（因为这座雕像本身的面貌已不再和照片中一样）。与纪念碑坚固的永久性相比，连背景中的建筑物似乎

时间

都容易褪去。那么我们所看到的是雕塑在时间中的前进；或者更准确地说，是**被**雕塑经历的时间。与此同时，旁观者的陈旧时间，也就是时间正在消失的这一刻，在这张记录了消逝的照片中得到了保存。

再过几天，我们便要启程前往佛兰德斯。马克告诉我他一直在阅读特雷弗·威尔逊（Trevor Wilson）的鸿篇史书《战争的无数面孔》（*The Myriad Faces of War*）以做准备。他的勤勉令我钦佩，还让我感到一丝惭愧。我自己对战争通史的阅读总是三分钟热度。巴兹尔·李德·哈特（Basil Liddell Hart）、A. J. P. 泰勒（A. J. P. Taylor）、约翰·特雷恩（John Terraine）、凯斯·罗宾斯（Keith Robbins）——他们的书我全都是草草翻阅的。每一本书我心安理得地略读其中相同的部分：海上战争、伦敦的空袭、东方战线上发生的一切、加里波利……我努力集中精力阅读这些历史中的某些部分，但其中的一些细节我始终无法**消化**：那些逐渐导致战争爆发的条约网络、电报骚动和外交操纵。结果，斐迪南大公遭到暗杀与欧洲大地上灯熄火灭之间的一切都模糊不清了。

尽管我心里总是惦记着那段充满热情的参军岁月，但1914至1915年的这段历史我还是看得认真却迅速。直到读到大消耗战时我才心满意足地用最缓慢的叙事步调前进。从1918年德国进攻之后，我又开始不耐烦起来，直至读到11月份的停战及其余波，历史的脚步和我阅读它的速度才再次达到平衡。

换句话说，于我而言，第一次世界大战即是西部战线：法国和佛兰德斯，从索姆河之战到帕斯尚尔战役。那么究其根本，我这仍是一个小男孩的痴迷。我现在阅读里昂·沃尔夫（Leon Wolff）的《在佛兰德斯战场》（*In Flanders Fields*），不确知年月日，只热衷各场战役，在多年前标注过的某一页上再次停留，而**当年的**我还只是个小男孩：

> ……一条穿卡其色裤子的腿，三个排成一列的脑袋，剩下的身体全潜在水下，让人觉得他们已经耗尽了最后一丝力气，只为将头伸出正在上涨的水面。在另一个缩小的池塘里，唯一可见的是一只还在紧握步枪的手，而紧挨着它的是一个钢盔和半个脑袋，冷冰冰的双眼一动不动地瞪着绿色的污泥，这污泥就浮在和他们差不多高的位置。

要不是我最近的兴趣恰好落在这场争斗被纪念的本质上，以上的一切都没什么意思。趁自己卡在1916至1917年间的僵局中的每个细节之前，我快速地浏览战争时期的相对流动性，这是否并不合宜、并非难以避免？我的性格并不古怪，或许这就是这场战争想要被纪念的方式，它坚决要求**纪念战争本身**……

1917年8月，欧文在克雷格洛卡特见到萨松之后就立刻自觉地消化了后者带来的影响。完成诗歌《死亡节奏》（*The Dead-Beat*）的草稿后，欧文在一封信中阐述了他是如何“在离开萨松之后，写了点他的风格的东西”。萨松也给欧文寄去了他在12月份读到的《战火之下》的复本。萨松在《反攻》（*Counter-Attack*）的扉页上摘录了巴比塞的这部小说中的名言，而欧文则利用其中的段落作为他诗歌的意象基础：《表演》和《暴露》。

如果欧文觉得先从萨松、再从巴比塞的文字中看到他自己的战争经历是有益的话，那到了后来，人们想要看看战争的模样，除了欧文和萨松的文字就别无他处了。不加夸张地说，后来，许多书的书名要么来自其中一位的作品——《记得我们会遗忘》（*Remembering We Forget*），《他们唤它帕斯尚尔》（*They Called it Passchendaele*），《奔赴死亡的前线》（*Up the Line to Death*），要么来自另一位的作品——《脱离战场》

（*Out of Battle*），《旧谎言》（*The Old Lie*），《绝望的荣耀》（*Some Desperate Glory*）。尤其是欧文的诗句，在主题和比喻上为这些书带来了实实在在的指导：烂泥（“我也在……中看到了上帝”）；毒气（“毒气！快，小伙子们！”）；“精神病症”；自残的创口（“自·残·伤”）；“残”；同性恋（“红唇不再那么红……”）；“徒劳”……

欧文的影响无处不在，以至于弗农·斯坎内尔的《行走的伤员》（*Walking Wounded*）这一首关于二战的诗歌，不太像是某个真实场景的重现，而更像是一篇围绕欧文的格律散文。欧文的诗句“口吃步枪的嗒嗒连鸣”（stuttering rifles' rapid rattle）成了“斯潘道重机枪的疯狂乱叫”（spandau's manic jabber）（疯狂乱叫嗒嗒连鸣这样的欧文式的近似韵更进一步地提高了节奏的相似性）。伤员出场时就像是拖着沉重的步伐直接从欧文的《为国捐躯如此甜美而光荣》中走出来似的：

> 马路上零落的行人犹如戴着松散镣铐的罪犯……
>
> ……有人拄拐跛行；

其他人身穿破衣，夹板，绷带……

斯坎尼尔意识到了这一点；正如福塞尔指出的，他甚至写了一首关于“每当战争被提起”的诗歌，这里的战争并非指他参与的那场，而是“被称为大战”的、“入侵了心灵”的那场。

近来，小说家们所面临的困难就是，他们在描述大战本身的时候也遇到了同样的事情。

近年来，有关这场战争的小说要比纪实回忆录更切中要害，结构也更为细致，而后者除了《西线无战事》这部杰作以外，往往都写得马马虎虎、结构散漫。罗伯特·格雷夫斯的《挥别一切》、理查德·奥尔丁顿的《英雄之死》、盖伊·查普曼（Guy Chapman）的《豪掷》（*A Passionate Prodigality*）、弗雷德里克·曼宁的《命运中央》（又名《她占有了我们》）以及萨松的《乔治·舍斯顿的完整回忆录》（*The Complete Memoirs of George Sherston*），这些书都拥有令人印象深刻的片段，但是，论及创作意图与构思的想象连贯性，或者语言的强度与微妙，没有一部能比得上埃里希·玛利亚·雷马克的英文版代表作。[①]

《奇怪的会面》(*Strange Meeting*)(这个书名当然出自欧文)是苏珊·希尔(Susan Hill)的小说作品，讲述了战争前线两名英国军官之间的友谊。在其1989年版的编后记中，作者记录自己在创作时，不仅埋头于各种回忆录和信件之中，还必须做出“想象力的跳跃”，并“在战壕里生存”。尽管此书本身大获成功，

---

① 《西线无战事》一书大获成功后重新掀起了人们对这场战争的兴趣，以上作品中有许多本都只在这个时期受到关注。1929年5月，理查德·奥尔丁顿给他的美国代理人发去电报：“《生命街车》(*Journey's End*)和德国战争小说大获成功，为利用公众情绪，《英雄之死》应在秋天尽快出版。现在或许会有大量英国战争小说受人欢迎。”

近年来，许多战争小说的通病是它们几乎都难以避免地带有原始素材的印记，为求史实和想象准确性，它们难以掩饰自己所做过的研究。它们的真实性是间接的，读来像是二手文本的感觉。1959年，查尔斯·卡灵顿(Charles Carrington)曾抱怨里昂·沃尔夫的《在佛兰德斯战场》中的某些片段像是在“对二十五年前每个人都在读的热门战争书籍的东拼西凑”。三十五年过去了，对于所有想要将这场战争小说化的人来说，沃尔夫对佛兰德斯战役所做的极能引起共鸣的历史研究很可能已经成了主要的原始素材。换句话说，我们已经进入了东拼西凑的第二阶段：对东拼西凑的东拼西凑。——原注

这个跳跃却被助跑时所积累的所有材料过分左右了。特别是小说中那些试图冒充不折不扣的一手资料的部分——据称来自大卫·巴顿的那些信件，他是两个中心人物中较为年轻的那一位。

> 好吧（他给母亲写道），我已经告诉了你它是什么样子，还使它听上去很糟糕，因为那是事实，而且我会让你完全相信的。把它告诉每一个眼带微光、向你询问的人吧，告诉他们战争是如何进行的。就这么多了……把这一切告诉每一个要谈论声名与荣耀的人。

我们注意到，战争期间有这样一种倾向，即人们会期待在未来的某一时刻，参与者的行为能够得到回顾；这是与历史的反向投影相反的一个过程。巴顿的信件读来并不真实——并非因为他不会像这样表露情绪，而是因为它们十分讽刺地与这场战争已然定论的历史叙事不谋而合。其真实性正是来源于它们**作为信件**必然要放弃时间所带来的调和的过程。在此情况下，我们很难不记起《永别了，武器》中的著名片段，海明威就在其中为希尔式的巴顿情绪立下了样板：

> 神圣的，光荣的，牺牲，这样的字眼总是叫我尴尬，还有徒劳的表达……荣耀，骄傲，勇气，神圣，这样的抽象词汇是可憎的。

在之后的一封信中，巴顿顺便提到，他发现英军士兵上前照料伤员的时候，德国人“经常会在此时暂停射击……和我们一样”。又一次，他的观察是可以得到证实的，让这引人注目的真实性变得疑点重重。我们感觉到巴顿所说的并非他亲身经历的偶然事件，而是希尔通过研究所得的审慎判断。

在《鸟之歌》（*Birdsong*）这部令人印象深刻的战争小说中，塞巴斯蒂安·福克斯（Sebastian Faulks）所运用的想象结构就彻底吸收了这些研究，因此露出的马脚并不多。尽管如此，福克斯自己评价道，其中的一个人物“似乎在讲话的时候必须告诉大家自己是在引用别人的话”，这倒是讽刺地说中了书中的很多片段。一名刚刚结束假期的军官宣泄自己对舒舒服服地生活在英国的平民老百姓们的厌恶：“那些肥胖的猪猡都不知道生活会给他们带来什么，”他大呼道，

"我真希望能有场大轰炸把皮卡迪利街和白厅路通通炸飞，把他们通通杀死。"这样的情绪完全可信，但它明显来源于欧文（见上文第29页）的一封著名信件，于是就难以**独立地**真实了。

想摆脱萨松和欧文的影响几乎是不可能的，有一个解决办法就是将他们都纳入小说的虚构世界之中。帕特·巴克（Pat Barker）就在两部优秀的小说中做到了这一点，分别是《重生》（*Regeneration*）和《门中眼》（*The Eye in the Door*）。前一部小说以克雷格洛卡特为背景，开篇就摘录了萨松的著名宣言，并且戏剧化了许多他与W. H. R. 里弗斯医生（Dr W. H. R. Rivers）以及欧文产生联系的关键时刻［包括详细地校正了《厄运青春之赞歌》（*Anthem for Doomed Youth*）的各种早期版本］。

不同于希尔、福克斯以及巴克，埃里克·希斯考克（Eric Hiscock）确实在战争中服过役。1918年的春天，他在伊普尔附近参加战斗。他出生于1900年，直到1976年，在《奇怪的会面》的首版问世六年之后，他才出版了自己的回忆录《地狱的钟声在鸣响》（*The Bells of Hell Go Ting-a-ling-a-ling*）。此人毫无作家天赋，这一事实令他的事迹更有启迪意义。有一次，他记录道：

> 那些夜里，我听到男人们在挣扎。他们在去往前线的时候从木板道上摔下来，跌入了填满污泥、散发着魔鬼般气味的弹坑中。我听见他们被死亡笼罩时的气喘吁吁，每时每刻。梦一般的感觉让我充满了对人为制造的战争的强烈厌恶。

每一个“的时候”的出现都让事实有所减弱，直到最后那句令人心悸的宣告都几乎无法承受它自己为之定罪的重量。甚至连极端的人身危险都在熟悉的传统表述下变得安全、舒适。“我惊恐万状。子弹绕开我的脑袋和肩膀，呼啸而过。而我只能挖开发着恶臭的污泥，等待死亡。”整场战争被压缩进了一套陈词滥调。

在《血腥游戏》(*The Bloody Game*)（又一个源于萨松的书名）中，福塞尔提到，有些人认为希斯考克的回忆录“不像它试图表现的那样准确地符合事实”。这一描述是否正确在这里无关紧要。重要的是，对希斯考克来说，这种体裁在语言和主题上的传统要比原始经历更为强大；的确，原始经历被埋藏在陈词滥调的淤积之下，只能在这其中得到展现。希斯考克朴素粗糙的语言令其**更加**——而非更不——容易受到二手表达的影响。语言自觉意识的缺乏加剧了用别人的文字表达战争体验的倾向。希斯考克曾不自觉地承认过这一点：为了使某个事件更能产生共鸣，他在结尾写道："如果这对齐格弗里德·萨松来说都不算是一个主题，那我就不知道什么才是了。"虽然这是他根据自身经历所写的，但希斯考克倒不如不曾亲历过他故事中的那些事件。

希尔在自然主义小说以及希斯考克在回忆录中出现的内在问题，到了像蒂莫西·芬德利的《战争》这样的作品中就不复存在了，后者改善了一部作品赖以存在的语言和叙事策略。二手表达的问题通过强调二手表达而得到了解决。这部小说中最具感染力的那些桥段——主人公罗斯中尉（Lieutenant Ross）在运兵舰上射中了一匹受伤的马，在佛兰德斯的大雾中迷了路，或是在毒气的袭击中躲过一劫——似乎都十分真实，因为芬德利运用了战后那些年来所有可供采用的叙事策略。希尔的独特文笔是隐隐约约的20年代文艺腔调；芬德利锋芒毕露、略显自大的语言片段则提前使用了迈克尔·翁达杰（Michael Ondaatje）在二战小说《英国病人》（*The English Patient*）中所采用的技巧。睿智的遣词造句记录了罗斯的内心世界，这是回忆录所不能及的。举个最为细节的例子来说吧，在一阵震耳欲聋的炮火之后，罗斯的“耳朵砰的一声，寂静一股脑儿涌了进来”。

此书的结构吸纳了且取决于那些已然融入其写作之中的研究：采访的文字记录、信件、老照片……“你们这些当时还没出生的人永远不会懂的，”其中的一段采访这样记录道：当你一整晚听到的唯一声音就是狗叫声，它们朝着远方驶来的火车狂吠，就算那些火车抄了近路，横穿过你的梦乡，但还是不会有人醒来。你们永远不会懂此时还睡在静静飘落的大雪之下意味着什么。是战争改变了一切。就是战争。在“为了文明的大战”之后——不管是在哪里睡觉，都不一样了……

在几个段落的范围里，芬德利常常从一刻接着一刻的现在时偶然事件转换到宏大的历史概述。换言之，他没有靠想象力朝壕沟纵身一跃，而是进入了照片的时间里。有时候，当没有“好的画面可用，除了可以在你脑海中创造出来的”，现在和过去、描述和思索就分解交融在了一起。有关前线的常用比喻得到了再创造：

> 烂泥。没有好的明喻可用了。烂泥（mud）一定是佛兰德斯语。烂泥就是在这里被创造的。烂泥地很可能就是它曾经的名字。大地是钢铁的颜色。大部分的平原上都不见表层土的痕迹：只有沙子和黏土。比利时人管这些原野叫作“克里特斯（clyttes）”，而且越是靠近大海，克利特斯的土质就越是糟糕。平均十八英寸的深度就能刨出水来。只要一下雨（从9月初到3月份总是不间断地下雨，除非是下雪了），水位就会升到地面以上淹到你。水会从你的脚印里升起来——行进在原野上的军队能带来一场洪水。在1916年，据说你得“蹚水去前线”。男人和马匹在视线中纷纷淹没。他们在烂泥中溺毙。坟墓似乎是自己挖了自己，还把他们一一拉下去。

没有别的目击证词能比这一段更令人感同身受了，这恰恰是因为作者芬德利承认了大战最鲜明的特点就是它**已成往事**。

因此，我们得耗费大量的史学意志力才能记住，在战争爆发之前，蒂耶普瓦勒、欧雄伟莱尔（Auchonvillers）和博蒙特阿梅尔（Beaumont-Hamel）不过都是些寻常的地方，索姆河也不过是与之同名的省份里一条景色宜人的河流。但在福克斯的《鸟之歌》里，1910年时，当斯蒂芬·瑞斯福德（Stephen Wraysford）抵达亚眠时，那里就是这样一个地方——他在那儿爱上了向他提供住宿的工厂老板的妻子。两人陷入热恋，但这段本就劫数难逃的风流韵事之外却笼罩着更大的劫数，厄运很快就将吞噬他们脚下的这片土地。

出游途中，他们看到“一列小火车正等着走支线驶往阿尔贝和巴波姆（Bapaume）”。第二列火车载着他们“从阿尔贝出发，沿着昂克尔河旁的乡间小支线，经过梅尼尔（Mesnil）和阿梅尔两个村庄，最后抵达博蒙特车站”。还有一列火车则向南开进，“前往马恩河与默兹河交汇的地方，它们的河道连接了色当（Sedan）与凡尔登（Verdun）”：一张由无辜的关系组成的网络，很快就将勾勒出西部战线的地形轮廓。在亚眠大教堂里，斯蒂芬的脑海里出现了数世纪以来“惨绝人寰的尸骨堆积”的幻觉，这同时也是对未来的预告。在那些压抑、闷热的下午，丈夫、妻子和情人在索姆河的死水里撑篙。蒂耶普瓦勒就是他们用下午茶的地点。如地层般沉重的未来向爱侣逼近。大战已成往事——即使它才正要发生。

于我们而言，大战**永远**都是往事。

保罗·福塞尔让二手表达的问题变得更为复杂。我此刻正在重读他的作品，以此为我们的佛兰德斯之行做些准备。如果说，除了借助欧文和萨松的双眼，我们就再也没有别的办法来书写战争了，那么现在，除了透过福塞尔开拓性的研究和他对主要战争主题的整理，我们也很难再用其他办法来阅读战争了。每当读到战争诗人的作品，我们就会借阅福塞尔的书来进行解读，这个办法行之有效，而且——即便我们与他的判断相左——无法不去读读他的注释和他标出的重点。福塞尔本身已经成为战争记忆进入此时此刻的这个过程的一部分。他的评论也已经成为其评论对象的证词一部分。（阅读他——或者与之相关的其他任何人——我都在寻找其中**少了点什么**，丢了些什么，还要说些什么。）如果希尔的《奇怪的会面》是初级二手表达的例子，那么《大战与现代记忆》（*The Great War and Modern Memory*）则让中级或者批判性的二手表达有了更多的可能。

就连战争纪念仪式也受到了二手表达的影响。如今，两次世界大战的纪念仪式都放在离11月11日最近的星期日并在和平纪念碑前举行，于是乎——正如“纪念日”这个词所揭示的——它所纪念的是聚众纪念的行为本身。像迈克尔·桑德尔（Michael Sandle，出生于1936年）的《二十世纪的纪念碑》（*A Twentieth-Century Memorial*）——一只瘦得只剩下骨架的老鼠正在手动操作（或者说“爪动”操作）一架青铜机关枪——这样的当代作品就是在用公共雕塑的可行形式来纪念濒临灭绝的战争纪念碑本身。

那么这本书呢？就像年少时的克里斯托弗·伊舍伍德，他想写就一部名为“战争纪念”的小说，无独有偶，我想写的书围绕的是“‘大战’这个概念对我这一代人带来的影响而非大战本身”。不是小说，而是浸染了二手引用的八股文：为我无意去写的大战小说所作的研究纪要，给没有实质内容的小说准备的各种主题……

透过斯蒂芬·格拉汉姆和亨利·威廉姆森的文

字，我目睹了伊普尔及其周遭的环境……我们在昏暗的暮色中抵达那里，花不少钱住进了一家廉价旅馆。每扇门上都有火警出口的标牌，床上铺的是棕色的被子。手帕大小的毛巾，梳妆台上的烧痕。在我们住的这种房间里，就算是不抽烟的人也会在每天清醒的第一时间从床上撑起身躯，朝宿醉的天花板吐出烟来。

傍晚，我们步行前往格罗特广场，那是镇中心的一片宽阔之地。伊普尔在战争中被夷为平地之后，很多建筑物（比如广场上最显眼的14世纪纺织会馆）都按原样重建了。威廉姆森在1927年故地重游，发现伊普尔“干净、崭新，充满杂糅的英伦味”，叫人无法辨认。六十年的岁月给了它某种或许稍显阴郁的世纪小镇的怡人模样，并且被小心翼翼地保存了下来。

几扎啤酒下肚，我们出发去往门宁门（Menin Gate），这是伊普尔重要部队失踪人员的纪念碑。54896个死于1914年至1917年8月15日期间的士兵的姓名被镌刻在这里。门宁门由雷金纳德·布罗姆菲尔德爵士（Sir Reginald Blomfield）设计，采用的是某种凯旋拱门的式样，进深极大，几乎就像一条隧道。沿着这条隧道中央的台阶拾级而上，就到达了纪念碑的外侧。从这里我们能看到门宁门外的运河里满是落叶的水面。空气潮湿。寂静正在焦急地等待着自己。

我们往回走进纪念碑内侧，然后穿了出来，再穿过运河。从这个距离望去，门宁门旁延伸出去的建筑物像是全都蜷伏在门下。然而，与此同时，这座拱门也暴露了自己的规模，你会纳闷它是否真的如看起来的那般大。有关这座纪念碑的一切都表明了它对你产生了很大的影响，但奇怪的是，它的效应却在自我腐蚀。

说不定那些在烂泥里挣扎的亡人
会起身嘲笑这座埋葬了罪孽的坟

1927年，当萨松潦草地将这些文字——打个比方说吧——涂写在刚刚落成的门宁门上时，他那受了伤的嘲讽语调已经成了一种自然反射。如果“这块在和平中自鸣得意的石头”的“浮华模样”是一种歪曲和否定，那么，同样地，萨松对此的回应也是如此。他以“那些并非英雄的亡人”之名发声，拒绝为他们的赎罪提供帮助，但在记述这些“无名得令人无法容忍的姓名时”，他还是表达出了——因而也是向其让步了——这座纪念碑自己心里的模样。

让·鲁奥（Jean Rouaud）在小说《光荣战场》（*Fields of Glory*）中描述了在那种“阴郁沼泽”中的生活，这对萨松来说就是在伊普尔的战场上经久不变的真相：

> 一点接着一点，被遗弃的死尸们陷进黏土里，滑入空洞的潭渊，很快就被埋在了一层土墙之下。当你进攻时，你被露出半截的胳膊或者大腿绊住，一个踉跄倒在地上，和尸体撞了个面对面。你咬牙切齿，骂骂咧咧——骂自己的祖宗或者那具死尸的祖宗。这些死尸用来绊倒你的手段下流得很。但是你抓住机会，从他们的脖子上扯下了军籍牌，以便将这些无名的肉块从**没有记忆的未来**中拯救出来，恢复他们官方的存在。似乎相比于失去生命，无名战士的更大的悲剧是失去姓名。

在这段文字里，鲁奥指出了一种潜藏的渴望，它连接着那些“挣扎在烂泥里的人”和那座用来纪念他们的拱门。普卢默勋爵（Lord Plumer）在门宁门的落成仪式上代表丧亲之人所宣告的并非弯弯绕绕的空话："他并没有失踪；他就在这儿。"

失踪人员纪念碑不是关于人的，而是关于姓名的：那些无名的姓名。

差不多快到八点了。拱门下面聚集了些人。时钟开始有气无力地闷响。车流停了下来。两名军号手在门下就位，开始演奏安息号。

停战两周年的两分钟默哀就这样被安息号打破了，《泰晤士报》如是报道："激烈的、震颤人心的，正是痛苦本身的声音——而这却是胜利的痛苦。"在《英雄之死》里，乔治·温特伯恩（George Winterbourne）的葬礼也是以同样"震颤灵魂、叫人心碎……难以抵挡的一连串急速哭泣的音符和绵绵不绝的尖声哭号"告终的，而那一年里，你每天都能在同一时间在这里听到这样的音乐。

有个男孩骑车经过。一名军号手安静地示意他停下来。军号声撞在纪念碑的墙壁上反弹出去。回声在拱门里自相追逐。最后一个音符渐渐淡去，于是迎来了沉默。接着，这沉默便躺在了漆黑的运河之上，每一个音符都完完整整地保存在了这份沉默之中。

车流恢复前进。我们缓缓离开这里，吃了晚饭，还多喝了几杯。冷极了。也许这里的天气本就如此，也许到了夏天会不一样些——虽然有人觉得小镇正是在这个季节才会展现出自己的本色——但在斯蒂芬·格拉汉姆的字里行间，伊普尔似乎是个“依旧恐怖的地方”。格拉汉姆描述的是1920年的伊普尔，那时，“死亡和废墟完全压垮了活着的人”。如今，废墟已被原建筑物的复制品所替代，这个小镇没有任何不对劲的地方——即便这不会是你想来度蜜月的地方——但你可以从格拉汉姆的文字中读懂他的意思：不难想象会有想不开的人被死亡的磁石吸引过来，在这里了结自己。那时来自另一个世界的拉力，拽住了心脏和灵魂。

我们凄凉的旅馆房间尤其如此。我们躺在床上，半醉半醒。马克在看《死神的兄弟》（*Death's Men*）；保罗在看《他们唤它帕斯尚尔》；我则看起了《亡者的质疑》（*The Challenge of the Dead*）。他们两个最终都睡着了。我继续读下去。我“无精打采地躺着，难以入眠，心里想着伊普尔，然后突然听到一阵震天动地的爆炸声，就像是巨石撞地的声音”。

保罗正在打鼾。

我们沿着佛兰德斯的平坦大道，在秋天的凋零中一路驱车驶过。每个十字路口都满是牵引机上落下来的烂泥。已经没什么雨了，开始飘起了毛毛雨。雨水到了断断续续的状态，我们就关掉了雨刷——伊普尔，我们更喜欢把雨刷叫作伊普尔[①]。这块地就像海绵一样吸满了雨水。胡萝卜或者甜菜——总之是某种根茎植物——堆满了田地的入口。

反正车是租来的，我们就全速驶过所有的水坑和烂泥地，满是一副汽车拉力赛的架势。很快，车子就蒙上了一层灰泥。从此我们就称它为坦克："停一下坦克吧"，"坦克得加油了……"大概是因为太冷了，我们会说："回到坦克里去吧。"

到了圣朱利安（St Julien）附近，我们去参观了由弗雷德里克·查普曼·克莱梅沙（Frederick Chapman Clemesha）设计的加拿大士兵纪念碑：方形的石柱上安放着一名士兵的半身雕像，两者交融在一起。士兵的脑袋稍稍前倾，没有面向之前的敌军战线，而

---

① 第一次世界大战时，英军士兵难以正确发出"Ypres（伊普尔）"的音，所以会将其错念成"Wipers（雨刷）"伊普尔。作者则在这里反其道而行之，称喜欢将雨刷念成伊普尔。

是背向伊普尔。蒙蒙烟雨环绕着他，那锡制的头盔边缘正有水滴滑落下来。远方是稀疏的树林。天空是雨中纪念碑石般的灰色。

我们并不急着离开。这座纪念碑无欲无求，也毫无吸引力。它掌管着属于自己的一方庄严之地。承受着雨水和时间的洗礼，我们与这块波澜不惊的纪念碑同在。

我们是为全人类默哀吗?

除那以外，我很难说清这座纪念碑激起的是什么样的情绪。既非怜悯，也非自豪，甚至连悲伤都不是。亨利·威廉姆森虽然表面上不为其所扰，但也承认了这种感觉的不确定性。于他而言，这是一座“献给所有参战士兵的纪念碑”。这座雕塑拒绝给易于分辨的观众反应让步，威廉姆森找到了说清这一点的方法，还做了进一步的概括：它“为全人类默哀”——于是乎，这座实实在在的雕像几乎就要消失在得到概括的情绪迷雾中了。这样的姿态很有高度，但却平庸陈腐、自相矛盾：如果默哀的对象是全人类的话，就没有必要专门悼念这片特别的

战场，在这里，18000名
英军中的加拿大士兵
于1915年4月22至24日
留下来承受第一波的
德国毒气袭击
2000人在这里倒下、埋葬

在《光荣战场》中，让·鲁奥对毒气袭击的描写令人联想到《荒凉山庄》（*Bleak House*）里汹涌翻滚

的浓雾，或是艾略特的诗歌《普鲁弗洛克》（*Prufrock*）里鬼鬼祟祟、蹑手蹑脚的雾霭：

> 现在，含氯的浓雾潜入了彼此勾连的战壕网络里，渗进了防空洞（不过是一部分盖了木板的战壕）里，在路面坑洞内定巢而居，在简陋的窗扉隔板间悄悄穿梭，涌入一直以来免受炮火袭击的地下洞室，污染食物和水源，占领空间的本事强大极了，慌乱痛苦的人们想找地方呼吸一口空气都是白费力气。

这一个句子无限地展开，不慌不忙，慢慢悠悠，一步一步地展现出这看似无害的污染所带来的伤害，直到你发现自己一口气快要用完了却还剩下好几个分句没读，于是突然挣扎起来要读到最后一个字。这幅场景刚开始的抒情笔调很快就被“扯撕肺部和胸膜，并把带血的涎沫送往嘴边的猛烈咳嗽，以及让人直不起腰的反酸呕吐”给撕碎了。

约翰·辛格·萨金特（John Singer Sargent）的画作《毒气中毒》（*Gassed*）描绘的是排成一列的十名

士兵，队列两侧横七竖八地堆满了其他的毒气受害者，而他们就在其中步履维艰。他们的双眼蒙上了绷带，就像在布鲁盖尔（Brueghel）的《盲人的寓言》（*Parable of the Blind*）里一样，每个人的手都搭在前一个人的肩上。队伍中间的一名士兵在侧身呕吐。靠近队伍前端的另一名士兵高高地抬起了腿，准备往前迈上一步。带队的是一名勤务兵，他搀扶着最前面的两名士兵。远端，就在西斜的太阳右侧，另一队士兵正在艰难又犹疑地前行。

前景中的士兵都躺在地上，有的在睡觉，有的在休息，彼此相互依靠着。有人正拿着水壶喝水。天空中有数架飞机乱飞，那本该是鸟儿翱翔的地方。

唯一的声音……

当萨金特看到这些毒气中毒的士兵时，另一位战争艺术家亨利·唐克斯（Henry Tonks）也在场。他如此回忆那幅景象：

> 他们在草地上或坐或躺，肯定有好几百人，显然都痛苦万状，虽然我只是从他们缠着纱布的眼睛里大概猜想的。

《毒气中毒》里没有多少痛苦。或者说，其中的痛苦已经被这幅画作的怜悯之情盖过了。除了那名呕吐的士兵，画中几乎没有与欧文所描写的毒气受害者相似的地方，在欧文的笔下，受害者的血液会“从起泡的肺部涌到嘴里”。而萨金特描绘的却是盲眼之人的慰藉感：信任别人、跟着别人安全前进的慰藉感。然而，画中的光线本身似乎就足以令他们的视力恢复，柔和的光线甚至能抚慰他们被毒气灼伤的双眼。疼痛是个大喊大叫、吵吵闹闹的东西。而在萨金特的画作里，咳嗽和干呕都被夜晚的寂静吞没了。随着空气和士兵们都渐渐恢复，重新回到各自温柔的姿态，鲁奥在开场中的抒情表达又开始重现了。

换言之，这个世界在他们恢复视力以后将要重现的美丽模样已经打动了他们。

唯一的声音，那就是……哦不，是我想太多了。

战争爆发后的头几个月里，足球被用来当作募兵的宣传点；有人称这场战争提供了参加“最大规模球赛”的机会。截至1914年底，共有50万人在足球大赛期间应募入伍。第二年春，职业足球赛遭禁：免得让如此热门的比赛（和一开始的策略背道而驰）**打消**人们从军的念头。

在前线，士兵们对球赛的热情并未减退。我们无法断言1914年的圣诞节当天德英两军是否真的在“无人之地”赛过一场；即便没有，那一天的事件足以创造“足球比赛化敌为友”的神话了。

最著名的足球趣事是内维尔上尉（Captain Nevill）在索姆河战役的第一天就把一颗球踢进了无人之地。第一个将球踢进德军战壕的人就能获得奖赏；内维尔自己为了射门而爬出了战壕，于是立刻就被干掉了（或许索姆河战役所受到的指责不光有关于军事战略的，还有英国对长传球赛事的偏好）。劳伦斯的警告——悲剧就是朝着痛苦狠踢一脚——在这里得到了最符合字面意义的实践。

让我们近看萨金特的画作，要比画的尺寸所要求距离更近一些。在中毒士兵的双腿之间——特别是那名正在呕吐的士兵为我们打开的缺口里——你可以窥见一场足球比赛正在后面的背景里进行。一支是红队，另一支是蓝队，足球就飞在半空中，悬置在美好的夜色之中。

唯一没被夜色吞没的声音就是球赛的叫喊声，恰好能够传入盲眼士兵的耳朵里。

路标指引着我们穿过历史和地理：普卡佩勒（Poelcapelle）、佐内贝克（Zonnebeke）、帕斯尚尔（Passchendaele）。“有很多字眼你再也听不下去了，最后只有那些地名保留下了尊严。”海明威在《永别了，武器》中如是写道。一代人过后，菲利普·托因比如此回忆儿时：“嘴里碎碎念着**帕斯尚尔**，在兴奋与遗憾中忘乎所以。”弗农·斯坎内尔也被突然闪现的“一连串冗长的专有名词”给迷住了，它们以不同的组合排列方式，一次又一次地出现在他的诗中：“帕斯尚尔、巴波姆、卢斯，以及蒙斯”；“康布雷（Cambrai）、贝休恩（Bethune）、阿拉斯（Arras）、凯莫尔山（Kemmel Hill）”；“帕斯尚尔、凡尔登、门宁路……”。

我不记得自己儿时第一次听到这些地名是在什么

时候了。但我知道自己听过它们——尤其是索姆河——是在家里听到的，那时我还没上学，还没在历史课本中与它们相遇。正是索姆河让我的家族与历史有了交集，让我的家族走进了历史。像舒丁顿（Shurdington）、克拉汉姆（Cranham）、伯德利（Birdlip）、雷克汉普顿（Leckhampton）和彻奇道恩（Churchdown），地名是我的家族历史扎根的部分土壤。格洛斯特郡（Gloucestershire）的村落、地标与佛兰德斯及皮卡第（Picardy）的村落、地标相互交织，这也是艾弗·格尼的诗歌特色。

他的第一卷诗歌出版于1917年，恰如其分地取名为《塞文与索姆》（*Severn and Somme*）；先是在战壕之中，后是在与心理疾病斗争的漫长岁月里，他在书信与诗文中一遍又一遍地感叹——这也是他的慰藉与痛苦之源——法国北部的风光与他所热爱的格洛斯特郡是多么地相像。在索姆省的受难像跟前，“一切都像在诉说塞文河的故事”；在另一首诗中，同一个地点又让他想起了克里克利（Crickley）。到了韦尔芒（Vermand）附近，“这里的灌木丛和克拉汉姆的没什么两样，只不过有着镰刀状的弧形”，像“科茨沃尔德（Cotswold）的灌木丛一样，如果真的……”他听到一声布谷鸟的叫声，来自“被炸毁了的树林……除了弗莱米罗德（Framilode）、敏斯特沃斯（Minsterworth）、克拉汉姆和常去的家乡故地，（他）想不到别处了”。在《别了》一诗中，他回忆起自己在“糟糕的圣朱利安”受到毒气袭击的日子（在1917年的9月，第一次进攻已经过去很久了），让伊普尔、索姆和欧贝（Aubers）与格洛斯特、切尔滕纳姆（Cheltenham）、斯特劳德（Stroud）各自的景色两两并现，交缠在一起。

格尼出生于1890年，在格洛斯特服过役，与我父亲的父亲同属一个团。他人生中的最后十五年是在伦敦精神病院度过的。1937年离世后，他葬于特伊格沃斯（Twigworth）的教堂，离格洛斯特郡不远。距教堂不到半英里的地方流淌着哈瑟利河（Hatherley Brook），这条河流同样也流经我们的花园深处。

我们开车进入帕斯尚尔。时间的流逝未曾削弱这个地名的力量。作为词语，奥斯维辛和达豪已经成了罪恶的近义词，在修辞的力量面前不堪重负。贝尔森（Belsen）则成了形容瘦骨嶙峋的常用隐喻，就算没有出现在书报中，在口语里一定已是如此。而帕斯尚尔，虽然发生了大屠杀，但除了谈论第三次伊普尔战役之外，人们很少会提起它。这些地名非但没有沦为寻常的语言词汇，反而产生了一种几近神圣的气息。或许，它们已经不堪神圣的重负，尤其是帕斯尚尔。对于曾经待在那里的人们来说，帕斯尚尔是如此的糟糕可怕，以至于几乎快要成为一个笑话。保罗大声地念出琳·麦克唐纳所引用的两名幸存者的证词："10月2日，星期二。又回到了炮兵连里，但是我们回来干什么呢？帕斯尚尔！"另一名幸存者则回想起：

> 这些地名是多么的邪恶——佐内贝克——60号高地——济勒贝克（Zillebeke）——你还没有去到那里，这些地名就先吓坏了你，它们浑身散发着邪恶的气息。最终，你走向帕斯尚尔，这就成了压垮你的最后一根稻草。

这种咬牙忍耐的不满口吻不只是针对地名。

保罗·福塞尔通过哈代的作品将战争视为一场宏大的"情景讽刺"，而反讽则从其中脱颖而出，成为唯一胜任的表达模式。故而他讽刺地说："《牛津战争诗集》（*The Oxford Book of War Poetry*）倒不如改名为《牛津讽刺集》（*The Oxford Book of Satire*）。”于福塞尔而言，战争就是一个文本，而且他比任何人都读得更为透彻、更有说服力。因此，他都是用文学术语来评判战争的参与者的：黑格因“缺乏想象力和艺术修养的天真无邪”而受到指责；他的某项计划“毫无智慧，无可救药”，“完全反映出了其**作者**的特点”。在这样一群人中，“求助于一种比较机智的传统就能令人耳目一新了”，就拿赫伯特·普卢默爵士（Sir Herbert Plumer）来说，他算是“英国在大战中的知识分子型的英雄了”。毫无意外的是，战争需要它的将军们具备“军事上的才智与创造力”——这恰好是福塞尔这样的“老到的观察者”完全具备的品质。对福塞尔来说，简而言之，反讽就是能言善辩的同义词——“不可以抱怨”的无产阶级的抱怨很可能就是这场战争中最为深刻的反讽模式，这一点用福塞尔的观点来看就显得格外讽刺了。（萨松不只是尝试用现实主义的词汇来描写战争；他还尝试寻找诗意的措辞来表达**不满的呻吟**。）

在散文作家中，弗雷德里克·曼宁——尽管总是省略目之所及的每个送气音节——最擅长表达这种无所不在的方言：

“山姆怎的了？”伯恩问。

“回去了。脚伤了。”

“他早受伤了，在德国佬冲咱扔炸弹的时候。”明顿解释道，说得像这就是事实一样冷漠犀利。

“那混蛋全靠他的脚来开溜。”托泽中士说。

“要是被我看见了，就把他弄得手脚全都没了。”明顿淡淡地说。

像《老营队》（*The Old Battalion*）这样的战壕歌谣恰好用音乐表达出了这种漠然的屈从，这首歌在戏剧《哦！多可爱的战争》（*Oh What a Lovely War*）中发挥了著名的效果。1963年，琼·利特尔伍德（Joan Littlewood）的戏剧工作坊最先将这部戏剧搬上舞台。1916年，《哦！多可爱的战争》被理查德·阿滕伯勒（Richard Attenborough）拍成电影，收获了更多的观众。我好几次半途而废地看过这部电影，但是，就像我不喜欢戏剧院那样，我同样也不喜欢音乐厅，所以它从未在我心中留下半点印象。直到我将其视为文本来阅读——正如萨松可能会说的，发起任性的挑战，告诫自己“这是一部剧本，应当作剧本来读”——我这才找到了一个能让我心生感触的版本。对黑格和其他将军的讽刺似乎还是依赖于粗糙的漫画手法，但对战壕的描绘却堪称书写战争的佳作之一。作家们或许借助了反讽，但这里的士兵们靠的则是更人道的同等手法：为搞笑而模仿。

圣诞节前夕，德国人唱起了德语圣诞歌《平安夜，神圣夜》；英国人则唱起了自己的颂歌以作回应：

> 这是炊事班里的圣诞节，
> 一年到头最快乐的一天，
> 人们的心中充满了快乐，
> 他们的肚里灌满了啤酒，
> 轮到二等兵肖特豪斯说话，
> 他的脸皮呀那可真是厚，
> “我们不要你的圣诞布丁
> 你们请管好自己
> 多么安心快乐的消息，安心快乐……”

剧本慢慢展开，几乎所有本书触及的主题都在其中以相似的风格得到了展现。能代替我们对《毒气中毒》的沉思的片段有：

他们在警告我们，他们在警告我们，
给了我们四个人一个防毒面具。
谢谢你们的幸运星，我们中有三个很能跑，
那剩下的一个就能独自用面具了。

听到“那些受了伤的可怜虫在无人之地痛苦呻吟”，一个士兵说这“听起来就像个牲畜市场”。而作家士兵的文学尝试——以及已然成文的战争神话——也遭到了相似的怠慢：

士兵二：他在干吗？

士兵三：给心爱的姑娘写信呢。

士兵二：哎呀！又在写了。

士兵三：都第三本了。我最亲爱的小宝贝，昨晚我在地狱火角等了你两个小时，可你都没有出现。难道你不再爱我了吗？署名——哈里·热唇。

士兵二：她长得怎么样啊？

士兵三：可爱着呢。

士兵二：是吗？

士兵三：不过她的鼻子像个五英寸的弹壳。

士兵四：你闭嘴行吗？我要集中注意力。

士兵三：你又在给那家报社写稿了？

士兵四：是啊，他们似乎并没有意识到自己正在见证《雨刷公报》（*Wipers Gazette*）的诞生。嘿，想不想听听我都写了些什么？

士兵二：不想听。

这部剧以一首歌做结尾，恰如其分，堪称完美，并在歌曲中告诉人们，想说清楚战壕里所发生的事是一项不可能完成的任务，就如巴比塞所写的那样：

要是他们问我们，而且他们一定会问我们，

为什么我们拿到英勇十字勋章，

哎呀，我们决不告诉他们，哎呀，我们决不告诉他们

是有个前线，但是该死的，要是我们知道它在哪里就好了。

《哦！多可爱的战争》并不是按照传统意义“写”成的；它是戏剧工作坊全体成员密切合作的产物。相比之下，福塞尔在一段独具特色的旁白中指出，“不

去相信这场战争就是某个人编好的剧本的确是件很难的事情”。琳·麦克唐纳的作品的可贵之处就在于它们并没有像《哦！多可爱的战争》那样，将尚未“推敲”过的原材料精心堆砌起来成为文本。保存在《1914》或者《索姆》（*Somme*）中的是士兵们的声音——比如我祖父的——他们从没有想过要把自己的经历记录在纸上。一种迥异的、“低级的”或者非文学的体裁重现了福塞尔所认可的比喻手法，同时还描述、证实了他的许多主张。

萨松在《步兵军官回忆录》（*Memoirs of an Infantry Officer*）里评价道，“落日的象征意义都被普通士兵们给挥霍掉了”，这意味着福塞尔对落日的深入分析只具备文学上的重大意义——但落日的抒情光辉能照耀哪怕最无文学涵养的人。同样地，麦克唐纳记录下来的某个事件既支持了福塞尔对于这场战争是如何讽刺地得到体育精神的认可的冗长研究，同时也让后者背离了纽波特式的公学背景。身处炮火之中，帕特里克·金（Patrick King）上尉四处呼喊，想确认自己的士兵们是否安全。他得到的回复是：“好着呢，全都在这儿呢。帕蒂（帕特里克的昵称），我们还在行进呢。”

这种漠然屈从的语调出乎意料地好用。它涵盖了《大战与现代记忆》中所罗列的一系列修辞手法。福塞尔注意到，约翰·班扬的《天路历程》就展现出了一幅象征性的战争地图（帕斯尚尔就是其中的“绝望泥沼”）；麦克唐纳的一名受访者刚开始说得轻描淡写，“突出部队就是些无谓的损失”，接着又想到了班扬的十行句子，将其形容为“一片完全令人厌恶的荒芜而已”。

这基本上就总结出了我们对帕斯尚尔的感觉。我们在一家超市买了面包、水果和粉色的肉，然后就去买咖啡。上午十一点半，咖啡馆里已经满是人、啤酒和香烟的味道。

“令我们沮丧的是，数钱的时候，我们发现已经几乎分文不剩了，”威廉姆森在1927年如此写道，“钱都去了哪里呢？”

“我们在啤酒上花掉的钱肯定比料想的还多。”保罗说道，接着，他又开始在笔记本上重新计算起来。不管我们怎么来看，钱都在我们的指缝间汩汩流出。经过进一步的痛苦计算后，我们把一切责任都归到了汇率上。就在几周之前，英镑贬值到历史新低，于是乎，我们就坐在了帕斯尚尔。一群可怜的欧洲人，舔舐着自己的财务伤口。

我们离开咖啡馆，前往泰恩科特公墓（Tyne Cot Cemetery），那是一片绵延辽阔的亡人之城。和所有大城市一样，它保留了杂乱无序的旧城中心：约三百座在停战后被发现的坟墓。从此以后，它就向外呈扇形进行了一系列的辐射扩张，建造了多个鳞次栉比、用途明确的城郊街区，安置了一万一千多名来自乡野战场的亡人。就连粗制滥造的德军地堡也融进了这座城市的和平扩张之中。

雨水把墓石周围的土地冲刷得坑洼不平，还用烂泥弄脏了石碑。好几处草坪都已经光秃秃的了。灰色的天空透着寒意。花卉被修剪得只剩下茎干。不难想象，树叶的凋落只是大自然重返冬日的第一个阶段。等时间一到，树木的枝丫就全部缩入树干，树干会全部缩入大地，直到地面上只剩下饱经霜寒的石碑。

天太冷了，我们才待了一小会儿保罗就说：

“回车里去吧。”

“坦克，保罗，是坦克。”

“不好意思。回坦克里。”

“还有，说‘坦克’的时候要加上‘长官’。”

“回坦克里，长官。好的，长官。”

我们的下一站是60号高地博物馆（Hill 60 Museum），在接下来的行程里，我们更喜欢称之为“恐怖小店”（Little Shop of Horrors①）。如果60号高地看上去似乎进不了邪恶地名的名单——像是个来自越南的流浪汉——那么这个博物馆马上就会让你确信它绝对有资格进入这个名单。博物馆门口有一家摆设着战争装饰品的“主题”咖啡馆。充满杂音的留声机播放着那种诡异的战争老歌：“去蒂珀雷里（Tipperary）的路很长……”历史被灌制成了唱片。

博物馆内的第一个房间主要是用来摆放立体图片显示器的。闪烁的深褐色3D图片：被炸烂了的树木轮廓隐退进历史之中；以夸张的角度看待过去。所有东西都蒙上了灰尘，“时间之躯”，布罗茨基如此称之，“时间的血肉之躯”。几面墙壁上挂满了一排排的照片，全是浑身烂泥的死人照片。喇叭里传来另一首

---

① *Little Shop of Horrors* 为一部美国音乐喜剧片的名字，影片中的花店所售卖的奇异鲜花不需要水分，却需要吸取人类的鲜血。

战壕歌谣《老营队》，音色十分刺耳：

如果你想找到那支老营队，
我可知道他们的方位：
他们就挂在那旧铁丝网上，
我见过他们，我见过他们，
还挂在那旧铁丝网上。

下一个房间里陈列着丑陋的军服，以及各式各样的断掉了的刺刀、左轮手枪和弹壳。里面还有几双硬化了的军靴和一把锈得像是从珊瑚礁里打捞上来的步枪残骸。此处弥漫着一股落满灰尘的潮味——潮湿的腐物，腐化的尘埃。这地方好比斯特普托父子[①]开了间帝国战争博物馆的分馆。

走出一扇玻璃门，我们踏进了灌满雨水的战壕和沟渠。里面的一切都是铁锈色的。面对现实吧，不仅是一块块的本来就会生锈的瓦楞钢板，就连泥土和树叶都也是这个颜色。岁月正在慢慢生锈。烂泥就是混

---

① 斯特普托父子，出自一部英国情景剧 *Steptoe and Son*，剧中的父子以卖破烂为生。

合了灰尘的陈年旧锈。雨水就是液态的锈。

我们的坦克现在已经成了贫民窟。里面满是肉酱袋、面包屑、防油纸、橘子皮和香蕉皮。每当我们转个弯，地板上的啤酒罐就会咣当咣当地滚来滚去。从外面看，车体上原本的油漆现在几乎连一平方英寸都看不到了。就连车子里面都沾满了我们靴子上的烂泥。

保罗开着车，载着我们在一个十字路口处等红绿灯。接着他开始起步，要往大马路上开。

“小心！”

一辆卡车呼啸而过，超过了大马路上的一辆小轿车，只差几英寸就会撞到我们。我们吓得目瞪口呆，接下来的一个小时都不再聊别的。

“想想这将会给你的书带来什么样的宣传效果，”马克说，“还没动笔呢，人就先被撞死了。”

“这又不是本写保罗开车的书，”我说，“英文诗歌还没有能力形容他的车技。”

“死在坦克里，光荣又甜蜜。”保罗用拉丁文说道。

梅西纳山脊公墓（Messines Ridge Cemetery）地处道路后侧，坐落于一片静谧的树林中间。座座坟墓上都落满了树叶：有黄色的，有带黑色斑点的，有棕绿色的。公墓的后方有一条拱廊，所用的柱子充满了古典的风格。哪怕是最轻柔的微风也足以将树叶从树上吹落下来。野鸡走过的窸窣声打破了寂静的枷锁。雨水在树叶间滴落。湿漉漉的鸟儿啼叫起来。

墓碑在青苔的蔓延下渐渐变绿。“他们的荣耀无可掩盖”这几个字被雨水溅起来的烂泥给盖住了。

岁月流逝，这里变得越来越难以守住困境中的时间。蔓延四分之一个世纪的苔藓只需要一年就能长成。岁月正在努力弥补失落的时光。不出几年，这片无人照看的墓地，连同它的古典廊柱，就会变得像是一处古老的废墟。如果机关枪的空前破坏力使之成了“步兵团的浓缩本质”，那么我们就在此处浓缩了过往历史的本质。这就是过往的历史所趋向的模样。

我们来到了朗厄马克（Langemark）的大型德军公墓。一堆马粪堆在墓园门口，我想应该不是故意的。近25000人被埋葬在这万人冢里。这片**战友之墓**的边缘立着四个人像，在锌灰色的天空下成了四道剪影。走上前去近看，这些人像的雕刻水平都不怎么样，但远远望去，它们给这个地方带来了彻底荒芜的感觉。仿佛他们低下头来进行的每一分钟的默哀都已然延续至了永恒。低矮的灰色石柱上镌刻着人名。右手边则是用平底石板盖成的单人墓区。

没有色彩，没有鲜花，没有任何超然的东西。作为个体的死者并不重要；他们不过是这个国家的构成元素而已。没有属于个人的碑文，没有华丽的辞藻。只有人必有一死的无数朴素事实——甚至连这些事实都被缩减成了荒凉阴冷的最小存在。这就是战败的意义与结果。

位于洛雷特圣母院（Notre Dame de Lorette）旁的法国公墓占地26英亩。这里有20000座有名有姓的坟墓；藏骨堂里则躺着另外20000名无名无姓的死者遗骸。天气十分寒冷。风流淌在灰色的山丘间。这里的风不是某种在天空中飘过的东西。这里的天空就是风，除此之外，再无他物。一排排十字架不断延伸，长到似乎能让你看到地球的弧度。每个十字架的正面和背面都刻着人名。这座公墓的规模超乎想象。十字架上的姓名都已经不具意义了，有意义的是它们的数量，是死亡的规模。但这个数量大到自己吞没了自己。它令人震惊，令人失语，令人麻木。萨松所说的无名的姓名在这里变成了庞大的数量。你怔怔地立在那里，任风吹打你的衣衫，冻伤你的双耳，直到你发现自己几乎就要消逝了：面对这样的风，身处这样无边无际的死亡之中，你已经无法控制自己了：你毫无意义。这里没有生命的位置。那风，那冷，迫使你离开。

我们向南出发，沿着西部战线一路开往索姆河。为了自娱自乐，我们要么唱起《老营队》，要么用冒牌的大战术语聊天。我和保罗把马克称作“二等兵海赫斯特”，还像军官那样在每句话前面都加上“我说了”或者“给我看这里”。至于马克的角色呢，虽然他会用勤务兵的忠诚口吻说话，但他其实是个玩忽职守的家伙，什么也不做，只会坐在后座读读《死神的兄弟》。我们的旅馆就是一个“军营”，在酒吧里度过的夜晚被称作“军营表演”或者“特技展示”。我们谁都弄不清自己究竟是在度一个阴郁的假期，还是在走一场喧闹的朝圣之旅。

就这一点来说，我们并非第一批弄不清楚的人。早在20年代，英国军队就和圣巴拿巴会（St Barnabas Society）联合组织资助了贫困阵亡士兵家属的朝圣之旅，让这些付不起旅费的家属能够去到他们心爱之人长眠的墓前。

在吉卜林的动人故事《园丁》中，女主角海伦·特里尔就进行了这样一次朝圣。自从侄子迈克尔的父亲——她的兄弟——死于印度之后，海伦就将他抚养成人。但迈克尔却在战争中阵亡了，葬于哈根齐勒第三军事公墓。这是一片巨大的墓园，两万座坟墓之中却只有数百座拥有白色的墓碑；剩下的就成了“黑色十字架的无情海洋”。海伦在坟墓的荒原面前不知所措，于是走向一个正跪在一排墓碑后面的男人。他显然是个园丁，他问海伦在找谁，海伦说出了侄子的名字。

这个男人抬起了头，用无比同情的目光看着海伦，然后从刚种下的草地上走出来，向那片光秃秃的黑色十字架走去。

“跟我来吧，”他说，“我带你去你侄儿躺着的地方。”

这个故事差不多就这样结束了，就结束在这个如耶稣一样的人物所说的话那里。在三行字的尾声里，海伦离开公墓时回头望了望，看到这个男人再次弯下腰照料他的植物，“心想他应该是个园丁吧”。

大多数的朝圣者都是像海伦这样痛失亲人的女

性，不过，想要重游战场的老兵们很快也加入了其中。这样的旅程并不舒服，但还是有很多游客想要——而且愿意为此出钱——沿着法国和佛兰德斯的战壕和公墓，进行一场不那么费力、阴郁的旅行：简而言之，就是成为观光客。菲利普·约翰斯顿（Philip Johnstone）在他首次出版于1918年的诗歌《高木》（*High Wood*）中就已经狠狠地讽刺了这些战场观光团，这又是一个预见未来的例子：

夫人，请注意，
友好提醒您莫要触碰，
莫要顺走公司的财物，
当作纪念物；我们有出售
很多好东西，质量有保证。
正如我所说，一切如原样，
这名英国军官无名也无姓，
紧身短上衣最近才开始烂。
都请跟着我——这边走……
走**小路**，先生，**请您**……

琳·麦克唐纳将1920年的伊普尔描写为“旅游业史

上首次大规模爆炸中的繁荣圣地”，这或许有点言过其实。不过，到了1930年，仅仅三个月的时间内，门宁门的游客签名簿上就多了一万人的签名。很多人都带有约翰斯顿笔下的观光客模样，或者像极了《夜色温柔》中的亚伯·诺斯，他在纽芬兰纪念陵园（Newfoundland Memorial Park）里让迪克·戴弗和露丝玛丽身陷“泥块和卵石”的模拟手榴弹攻击；有更多的人则在离开的时候获得了迪克的精神，他“捡起一大把石头想要反击，但又放了下来”。

“我不能在这里开玩笑。”他满怀歉意地说道。

很少有小说能像《夜色温柔》那样浸润在大战的记忆之中，既充满理解，又心怀歉意。迪克用“半反讽的措辞和‘非战斗人员的炮弹休克’”总结出了这本书的中心关怀。

小说第一页，1917年，迪克正在赶往苏黎世的路上，他与好几辆载着瞎子、瘸子或是枯木树干的长途列车擦肩而过。他与妮可初次相遇的诊所是一个收容断胳膊断腿、残缺不全、凶神恶煞之人的庇护所。妮可的精神不稳定或许与战争无关——“战争已经结束了，”她说，“我几乎不记得它曾发生过。”——但她的精神状况却时刻提醒着我们战争的存在。她的笑容

“就像所有失落在这个世界上的青春”。失落的青春或许是菲茨杰拉德笔下永恒的主题，但我们最为私人的关怀却常常需要更加宏大的历史维度。1947年，菲茨杰拉德离世后的第七年，遗孀泽尔达在书信中写道：“我不认为人的个性能够与产生它的时代背景脱离关系……我觉得斯科特最伟大的贡献就是将心碎和绝望的时代戏剧化……”1917年，菲茨杰拉德自己曾写道：“毕竟，除了青春，生命已经没什么奉献的了……我见过的每一个经历过战争的人，我说的就是当下这场战争，似乎都失去了青春和对人类的信仰。”

在诊所里，妮可的周围全是那些因为战争而精神受创或间接受创的人：就连“读报纸的声音”或者“远处的空袭声都能导致炮弹休克症”。时髦的配饰——比如贝雷帽——都要用来遮掩“刚刚做过手术的头颅。帽檐的下方有一双凝视前方的人眼”。虽然妮可非常有钱，但他俩田园诗般的恋爱时光还是被围困在了不祥的战火声中：突然，湖对岸的葡萄园里传来了爆炸声；好多个炮弹直冲上天，想要打散酝酿着冰雹的云层……他们的旅馆就蜷缩在喧嚣、骚乱和黑暗之中。

几年过后，迪克和妮可的婚姻开始变得紧张起来，他爱上了另一个年轻的女子。就在这个时候，迪克与几个朋友参加了纽芬兰战壕的观光之旅。

我们在11月的某个清晨到了那里。天空是休战的白色。战壕都保留在那儿，但铁丝网都没了——终究还是被拆掉了，因为总是有绵羊被缠在上面——青草覆盖的无数个炮弹坑让这个地方看起来就像一个极其复杂的高尔夫球场。

相比之下，菲茨杰拉德在描写迪克观光的小说章节“受害者”中加入了刻意的开场描述，好让读者产生暂时的错觉，要么觉得这幕场景似乎就是在现实的战争中发生的，这两者的本质是一样的——读者觉得战争似乎直到1925年都还在继续：

> 迪克在壕沟的土墙角处转身，继续沿着战壕走在木板道上。他来到一个潜望镜跟前，从里面望了一会儿，然后跨到台阶上，从矮护墙内向外凝视。在他的前方，昏暗的天空下，是博蒙特阿梅尔；他的左手边则是蒂耶普瓦勒的悲惨山岭。

几分钟后，当读者发现这几位朋友不是作战人员而只是些观光客时——虽然他们当然也都是“受害者”——菲茨杰拉德就将最为著名、优美、动人的战争短文之一赐给了迪克。

注意那条小溪——我们可以在两分钟之内就走到那儿。但英国人却花了一个月才走到那里——整个帝国都走得非常缓慢，前线奄奄一息，后方施加压力。而另一个帝国则每天都在非常缓慢地后退几英寸，把死者留在原地，像百万张血淋淋的地毯。这一代欧洲人再也不会干出这种事了……

西线的战事在长时间内都无法重新来过。年轻人以为自己可以，但其实他们不能。他们把第一次马恩河战役重打一次，但这场战役不行。这一战，打掉了宗教，打掉了富足的岁月，打掉了惊人的信念和阶级之间的精准关系。

天气虽冷，纪念陵园里还是有少量其他参观者。比较小的墓地已经无人问津。有时候，参观者留言簿上会出现三四个礼拜的空缺。人们常常是来参观某个特定的坟墓的：比如某位了不起的叔伯或者祖父。他们在留言簿上留下的这些题词总能感人肺腑，特别是对那些把这场朝圣之旅看作毕生心愿的人来说。

不过，大多数的留言都很普通："安息吧"，"怀念"，"我们怀念他们"，"勿忘"，"很感人"。有时会出现几句轻松的致意："兄弟们，一切如意"，"孩子们，好好睡吧"。也有对这片墓地本身的评价："平静"，"美丽"，还有很多人对这场战争充满了感触："真是无谓的损失"，"别再打仗了"，"别重蹈覆辙"。所有的留言都发自肺腑，即便有些言论体现的是愚昧的不朽力量——比如"他们为自由而死"或者"为文明而死"——最终也都拥有了与原意相反的内涵："他们的死毫无价值。"就在为纪念惨遭屠杀的阿尔斯特师而建的康诺德公墓（Connaught Cemetery）里，几名来自北爱尔兰的游客写下的留言是："决不投降。"其中有一条，留言者为安迪·凯里（Andy Keery），写着："决不投降。为来自阿尔斯特而自豪。"他的朋友在下面写道："决不投降。我跟随安迪。"人们偶尔会摘录几行诗句。我则写上了我自己的小对句：

很多人写下"决不投降"。

那是偏执者的念念不忘。

有些人的留言稀奇古怪，令人难以理解："牵引机上那个家伙的鲁莽驾驶把它给我毁了。匿名落款。"——来自一位不知名的游客。1992年10月10日，格雷格·道森（Greg Dawson）在泰恩科特公墓留言："我们真的教训了这些法西斯！"另一个人则画了个大卫之星[1]，然后写道："那六百万的犹太人呢？"有人在下面回应："哥们儿，真是场错误的战争。"这句话很快就成了我们三个人的口头禅：也不管是不是相关，我们对任何评论都会打趣地回应一句："哥们儿，真是场错误的战争。"

在谢菲尔德纪念陵园（Sheffield Memorial）里，一名勤奋的学生留下了一篇短文，利用仔细推敲过的细节，指出索姆河战役的责任最终都该归到丘吉尔身上。他甚至还在引用A. J. P. 泰勒的时候加了一条脚注，附上了完整的页码索引、出版时间和出版地址。另一名游客则不想卷入学术争论的琐事之中，就只在边缘处潦草地写了："垃圾！"

① 大卫之星为犹太人的标记，是由两个正三角形叠成的六角形。

有时候，留言间的对话会不断展开，最明显的一个例子就发生在里丹岭（Redan Ridge）的一处墓园里。那儿讨论的主题恰好就是谢菲尔德纪念陵园里那位反对泰勒的游客所说的：“垃圾。”

共有三座小墓园坐落于美丽的里丹岭。其中一座墓园的旁边堆满了臭气熏天的农场垃圾。1986年7月10日的一条留言说出了大多数参观者的心声：“真是可耻，他们竟然得在垃圾堆旁边长眠。”[①] 后面有无数条留言声援了这句评论，但是几页过后，第一个有异议的声音出现了：“如果参观者无法感受到这次参观背后的真正悲怆，只注意到垃圾堆的出现，那么，**他们**在这里的出现才令我感到恶心。”

此举本想让这场争论告一段落，结果却让它愈演愈烈。后面的留言在语气上变得愤愤不平、充满进攻性：“这些垃圾简直就是在明目张胆地羞辱我们对二

---

① 他们对于垃圾堆的讨论显然回应了发生于1981年的一次小题大做的事件。当年，工党领袖迈克尔·富特（Michael Foot）出席和平纪念碑前的战争纪念仪式时穿了一件驴夹克，这个细节引起了热议。根据《每日邮报》的报道，富特敬献花圈时“就像流浪汉弯腰检查地上的香烟屁股时那样毕恭毕敬”。——原注

等兵汤米·阿特金斯的怀念。”甚至还加上了对后面的留言者的羞辱：“还真是恰当：比人造垃圾还更加人渣。”这样的评论意味着从此以后，那些因垃圾而感觉受到了冒犯的人不仅将矛头指向了丢弃垃圾的农夫，还指向了那些委婉地原谅了农夫的人——而这些人的回应变得更加具有进攻性：“去你的垃圾堆——活着的人、死了的人都在垃圾堆里。难道垃圾不是生活的一部分吗？”

这个问题倒是很难回答，不过，好几个月以来，垃圾堆在游客留言簿上的影响力可要比在这座墓园里大得多。渐渐地，这场争论本身又变成了争论的对象。垃圾堆被驱逐出了墓园；现在，这两者都不再是真正的焦点了：游客留言簿才是。你可以想象得到的，它和参观战场的旅行结合在一起，成为人们造访此地的主要原因。有人意识到了这一点，写道：“坦白来说，比起垃圾堆的荒谬故事，人类生活的虚耗才更值得评论。”

每个人都想用自己的话来结束论战，然而还是会招来他人的回应。于是乎，垃圾争论和有关垃圾争论的争论就在相互间的作用下永远地延续下去。当我读到1991年9月9日的一条留言时，心里还有点失望：

"很高兴，垃圾终于不见了。"

我在1992年的11月9日将这件事情完整地记录了下来。这是我第二次来到这里，在故地重游中获得了奇妙的愉悦感。我在游客留言簿上找到了我自己的笔记，也找到了自己来这里参观过的证据。当时的季节和现在不同；现在，天空就像是悬挂在褐色大地上的一大块烂泥。空气如钢铁般冰冷。雨水是横着倾泻下来的。到处都弥漫着农场废物的腐烂味道。我写道：

> 继1991年5月9日首次造访后，我又回来了。
> 附言：垃圾也回来了。

这些游客留言簿里的纸张被装订在一个绿色的活页夹里，用完后，新的纸张就会替换进去。那旧的纸去哪里了？烧掉了？还是整理成档案了？如果是后者，那么有朝一日，某个学院或许会把这些纸张全都拯救出来，将这些原始资料视若宝藏，用来全面地研究人们对战争的态度，以及战争被纪念和错误纪念的方式。资料多得能编成一本书了：写的就是那些在这里深受感动的人，他们想要记录下自己的感受，想要解释给别人听。

那么**这本**书呢，其实，它就是一则很长很长的留言，就记录在从索姆河畔某个公墓游客留言簿上扯下来的纸张之上。

由于天气和不断上涨的旅行成本，我们放弃了去蒂耶普瓦勒过停战纪念日的计划。我赞成继续向前，全速驶向埋葬欧文的奥尔斯（Ors）。不过，我现在的领导地位受到了严重的质疑。保罗和马克都不愿意服从。

“我命令你们去哪儿你们就一定得去哪儿。”我终于说道。

“不然你就会怎么样呢？把我们送上军事法庭？”马克说。

“是的，滚蛋吧，你这个希特勒。”保罗说。

“哥们儿，这是错误的战争。”马克和我喊道。

我们决定在撤回布伦（Boulogne）之前先掉头去维米岭（Vimy Ridge）。（此前，因导航出错，我们错过了这个地方。）

既然停战纪念日被并入了战争纪念日，那么在这里一直待到11号实在没什么意思。不过，在我们开往维米岭的路上，我思考起了日期的意义——1914年8月4日，1916年7月1日，1918年11月11日——以及日历的万有引力对大战记忆的潮涨潮落的影响程度。

在对大屠杀纪念的研究中，詹姆斯·扬就说明了这种影响：

> 一旦某些事件与日历上的某个日期联系在了一起，而且这个日期还总是难以避免地反复出现，那么我们对这些事件的记忆以及这份记忆所产生的意义就会完全听从时间的指令。

获得纪念的某个事件往往就像人的生日一样，毫无理由地随意落在了某一天。就第一次世界大战而言，它准时地结束于第十一个月的第十一天的第十一个小时，一切战斗都在这一天、这一刻终止了，这样的时间意义是事先精心准备好的。如果这么做就为了让未来的战争记忆集中在最敏锐的焦点之上，那么这绝对就是最好的安排：少了如此精确的时间定位，纪念活动的各种仪式就不可能发挥出巨大的影响力。自第二次世界大战以来，这样的定位就不复存在了。如今，战争纪念日可以在11月11日的前后三天中徘徊。因此就有了之前所说的那种感觉：它所纪念的是聚众纪念的行为本身。过去和现在只能被粗糙地排列在一条直线上。

通过其他途径，它们会被拉得更近一些。这一点在1993年体现得尤为明显，也就是欧文诞生一百周年、逝世七十五周年的那一年：我再次以这位诗人为例来说明战争是如何通过他的形象来获得纪念的。1993年也恰好是停战七十五周年。1994年8月4日则是战争爆发八十周年的纪念日。这些日期全都是路标，指向许多道路中的某一条，而各条道路代表的则是大战记忆在时间中后退的同时用更强大的力量进行自我展示的各种方式。这一点与近期在萨拉热窝发生的事件[①]没多大关系，不过倒是与一种单纯的感觉相关：我们正在逐渐靠近大战爆发整整一百周年的那个时间点。从战争纪念的角度来说，2014年至2018年将拥有日全食那样百年一遇的时间意义。彼时，没有哪个参加过这场战争的人能够活着纪念它。

---

① 作者在此处所指的是萨拉热窝围城战。

“成千上万的婚姻
转瞬即散，而更长的……”

与纽芬兰纪念陵园相似，维米岭上的另一座大型加拿大士兵纪念碑也坐落在一片宽阔的园区之中，园区里的战壕都保持着原始的模样。有条弯弯曲曲的公路穿过浓密的树林通向园区。紧接着，突然之间，纪念碑在视野中拔地而起：两根白色的塔柱，每一座的顶端附近都摇摇欲坠地坐着一尊人像。阳光像一把把匕首似的划开了云层。

两条平行的小路在草地上不断延伸。登上纪念碑的台阶两侧立着两尊人像，一个赤裸的男人，和一个赤裸的女人。石头白得晃眼。两根塔柱的高度很难估计。一百英尺？两百英尺？这无法判断：纪念碑周围没有任何东西可以充当参照物。它的规模是自我生成的，任何测量手段在它面前都显得十分渺小。两根塔柱之间的基座上有一组手举火炬的人像，而这支火炬正指向坐在塔柱顶部的两个人像。两组人像之间的距离无边无际。

几面石墙上刻满了失踪的加拿大士兵的名字：共有11285人不知葬在何处。我绕着纪念碑的东侧走了

维米岭：加拿大士兵战争纪念碑

走，那里有一组正在折断一把利剑的人像。再远一点的地方，在另一个角落里又有类似的一组人像，因为有点远，我看不清它的细节。在这两组石像之间，有一尊裹着长袍的女人雕像，她郁郁地立在海洋般宽阔的草坪之上，石制的长袍一直拖到了地上。这尊人像穿梭在悲痛女性的千年时光之中，从圣母怜子图里哭泣的圣母玛利亚，一直到无数照片里裹着围巾抵御寒冷的农村寡妇。她的身下是一座坟墓，上面有一把剑和一顶钢盔，还有两根塔柱留在草地上的长长的影子。

这座纪念碑的修建时间长达十一年。1936年，它终于得以揭幕，是要为第一次世界大战建造的最后一座纪念碑。雕刻家兼设计师沃尔特·阿尔沃德（Walter Allward）是这样解释其象征意义的：悲痛的女人

悲痛……

雕像代表加拿大，那是一个为她死去的家人哀悼的年轻国家；她左边的那组人像表现了对加拿大人的同情；右边的那群卫兵则在折断战争之剑。“牺牲”将那支火炬抛给他的战友们；塔柱高处的两尊人像寓意着荣誉、信仰、正义、希望、和平……这一连串美德让人回想起首相劳合·乔治（Lloyd George）在1914年9月所做的演讲，他在演讲中列举了事关国家的永恒的、伟大的东西——那些我们早已忘却的荣誉、责任和爱国主义的雄峰，覆盖着闪闪发光的雪白颜色；还有高耸的牺牲之山，像一根粗糙的手指直指天堂。

阿尔沃德的纪念碑也是闪闪发光的雪白颜色，看上去就像是劳合·乔治所说的山峰，只不过它是光秃秃的。责任和爱国主义都已经消失了；荣誉代替了它的位置，站在希望与和平的身旁，成了象征性的装饰品；牺牲则毫无减损：不可测量、陡峭嶙峋——但它的内涵也被这场战争改变了。这个地方在直面这种内涵的结果。

不把那些象征性的“卫兵”考虑在内的话，这座纪念碑上没有一个军事人物。坟墓上的那顶钢盔是唯一与战争相关的清晰象征。塔柱基座上的人像都紧绷着身躯往高处伸展，想要高过他们的痛苦，想要越过它，直至他们能像高处的人像那样克服痛苦、安坐空中。这种令人晕眩的超越与那个女人的向下凝视形成了平衡。她悲伤无语，没有向天祈祷，而是直直地盯着地面，试着与痛苦达成和解，住进失落里。

C. 戴·刘易斯曾写道，欧文“没有多余的怜悯可以施给这个受苦的丧亲女人”。相反，维米岭的纪念碑似乎不太像是献给死者的或是献给“牺牲”的抽象理念的，而更像是献给悲痛的现实的：这不是一座献给无名士兵的纪念碑，而是一座献给无名的母亲的纪念碑。

我还记得曾读到过一名士兵去看望一位亡友的母亲。“我失去了我唯一的儿子。”她只说了这一句话，然后就沉默在了悲痛之中。

从那以后，“悲痛”这个词就被我用了很多遍，有时候也实属碰巧，而它则摆脱了词意的束缚，成了某个声音，成了某种抽象的字母排列，每个字母都在突然之间失去了意义。悲痛，悲痛，悲痛。我把这个词念给自己听，直到它与自己始终拥有的含义渐渐重聚在了一起。

海湾战争结束时，我就住在新奥尔良。整座城市都被紧绕在无数的黄丝带中，每天晚上我看的新闻都在报道士兵们回家团圆，重回爱人与小甜心的怀抱。有拥抱，有泪水，有铜管乐队的演奏，有亲吻，还有当父亲远在科威特沙漠时出生的婴儿。

可那些没有女友、没有妻子、没有小甜心与他团圆的士兵该怎么办呢？独自一人。重回孤身，被飘满丝带的团聚包围，让我想起了一张没人能够拍到的来自大战现场的照片。

天气是深褐色的。他肩扛装备，匆匆走向火车站，习惯性地踏上回家的路。他默不作声，只是咳嗽了几下。一个个火车站的名字。一张张死人的脸庞。一座座被烟熏过的小镇里下起了雨。从此以后，生活就将是这副模样了：透过沾满雨渍的车窗向外凝视，等待着有什么事情能结束这场旅行。与他擦肩而过的许多房屋和溪流。一片片湿漉漉的荨麻田。

从车里往后一瞥，倚靠在两根塔柱上的雕像令它们看起来就像是被战争摧毁的树木：被炸毁的白色树干，上面还突着几根枝丫。

“焦黑的树木骨架”

巴比塞在《战争日记》（*War Diary*）中的洗练文

笔发出了回响，几乎所有其他人的战争描述都对其进行重复和扩展。哈罗德·麦克米伦（Harold Macmillan）认为“现代战场上最离奇的事情就是全然的荒芜与空虚。看不到与战争或者士兵相关的半点东西——只剩下断裂破碎的树林”。1917年6月，温德汉姆·路易斯在写给埃兹拉·庞德（Ezra Pound）的信中说道：“炮弹好像也没有更多的本事了，只会把这些树木都炸到极致，削成黑色的碎片……”

直立物体的韧性不仅体现在树林上，还有很多建筑物的断壁残垣，比如在伊普尔的市中心，“那栋著名的纺织会馆就留下了一堵屹立不倒的光秃秃的墙”。或者还有无处不在的十字架（“总是被钉在炮火轰炸过的分岔路口”），其中最著名的一个也位于伊普尔，就在那片墓园里，曾有一颗哑弹恰好落在这个十字架和耶稣受难像之间，于是它就这样奇迹般地一直毫发无伤。这些路边的十字架总让人觉得不祥、不安。它们鲜有赎罪的意味，而是在时时提醒我们人必有一死。在雷蒙德·道格勒斯（Raymond Dorgeles）的《木十字架》（*Wooden Crosses*）中，那一班士兵在“受难十字山”（Mount Calvary）上忍受了漫长、恐怖的等待——无时无刻不能听到德国人在他们身下挖隧道的声音——之后终于有人来支援了。他们迅速行军撤离，让其他前来支援的士兵代替他们留在火药桶上，道格勒斯回头看：“在青色的夜色之下，受难十字山突兀得令人毛骨悚然，山上那一个个被炸烂的树桩活像十字架的垂直部分。”有关格洛斯特部队的一段历史中提到：里什堡（Richebourg）的公墓是个诡异的地方；这里曾被炮火炸得底朝天：人们炸开了墓穴，炸出了埋葬多年的尸骸。但十字架却依然屹立不倒。

“死人之景”

被炸烂了的树木加上“诡异”的十字架，这幅饱受战争蹂躏的景象用萨松的话来说，“就像世界的边缘”。天气潮湿的时候，“一英里以外的树木就像从光秃秃的山脊上升腾起来的灰白色烟雾，令我们觉得仿佛来到了世界的尽头”。

福塞尔就利用这样的文字来说明英国作家是如何透过“礼节和浪漫”的滤镜来看待这场战争的——他还特别阐述了萨松以威廉姆·莫里斯（William Morris）的《世界尽头之泉》（*The Well at the World's End*）为滤镜的例子。讽刺的是，这幅让英国诗人们在其中实现了自我发现的景象却用丑恶、扭曲的姿态实现了德国浪漫主义的勃勃雄心。

伊普尔大教堂的废墟，1996年夏

像这样的字句如果脱离了上下文就会召唤出一个世纪以前卡斯帕·大卫·弗里德利希（Caspar David

Friedrich）在画布上绘就的景象。在他1810年的作品《橡树林中的修道院》（*Abbey Under Oak Trees*）中，被炸烂了的树木和教堂的废墟在雾中若隐若现；一列士兵抬着棺材穿行在前景中七零八落的坟墓之间。1815年，德国诗人卡尔·西奥多·科纳（Karl Theodor Korner）将这幅画作称为“死人之景”。整整一个世纪之后，服役于奥地利军队的军官罗伯特·穆西尔（Robert Musil）就恰好用同样的字眼形容了他在意大利前线所目睹的景象。

战争不断产生损失，就连修道院的断壁残垣这样典型的浪漫主义残余也常常被炸得面目全非。在协约国势力范围的边缘，靠近伊普尔的地方，目之所及皆为“一片烂泥的海洋。真的是一片海洋”。布伦顿在1917年瞭望过“一片死气沉沉的烂泥海洋”，而1920年重访此地的斯蒂芬·格拉汉姆所看到的则是一片“陆地海洋”。导演D. W. 格里菲斯（D. W. Griffith）曾为了给电影《世界之心》（*Hearts of the World*）做前期准备而游览过西部战线，但这场战争的戏剧潜力却令他失望：

> 当你望向那片无人之地，你的眼前真的什么

都没有，只有令人心痛的什么都没有的废墟……谁也形容不了它。你倒不如试着形容一下这片海洋。

弗里德利希的一位艺术家朋友的妻子就对1809年的那幅《海滨修道士》（*The Monk by the Sea*）产生了类似的失望之感：画里什么都没有。“用过去的任何标准来看，”美术史学家罗伯特·罗森布拉姆（Robert Rosenblum）写道，

她是对的：这幅画就是大胆的空白，不存在任何物体……一切都不存在，只有唯一的人物，一位嘉布遣会的修道士，与你寂寞相对。画里有一条不曾中断的地平线，充满了催眠般的朴素。它的上方是一片同样原始的天空，黯淡、朦胧，或许无边无际……

只需稍作改动，罗森布拉姆的这段话也可以用来形容威廉·莱德–莱德（William Rider-Rider）的全景摄影作品。这张照片用满目疮痍的帕斯尚尔战场再现了弗里德利希所描绘的画面。

卡斯帕·大卫·弗里德利希的《海滨修道士》

大地和天空均匀占据了照片中的画面。一排遭受过轰炸的树木将饱受摧残的近处土地与如《海滨修道士》中那般延伸至地平线的陆地海洋、烂泥之海分割开来。这些树木没有渐渐隐没在远方，而是消失于照片的边缘。这里没有透视法则。消失点不再位于某个大概精确的位置，而是落在了画面中的所有地方。这是一种新型的无限远：每个方向上都相差无几，都是无限远的荒芜。天空破碎地卧在烂泥地上。无从得知这张照片是在一天当中的什么时候拍摄的。其中没有直接的光源——只有天空中洒下来的灰色光线。立在照片中央的不是弗里德利希的修道士，而是一个不知

无限远的荒芜

名的士兵，正在抽着烟。没有任何东西有所动作。因此，即便此处的荒芜不断蔓延，这张照片依然拥有着奇特的平静。

对于浪漫主义者来说，废墟的有益作用在于它对短暂无常的永久纪念：在宏大的逝去中幸存下来的就是废墟。而废墟本身也是这场幸存的见证者，所以，它们毫不令人意外地将自己的毁灭故事镌刻在了自己的体内。华兹华斯的《迈克尔》（*Michael*）和《废毁的小屋》（*The Ruined Cottage*）所讲述的就是在废墟中默默受难的故事，诗人用他的想象力为我们打造了废墟的典范。对毁灭的崇拜无处不在，于是，废墟就成了人们安放某些内心反应的地方。

大战毁灭了这样的废墟理念。大炮带来的是瞬时的灭绝，而非雪莱的《奥兹曼迪亚斯》（*Ozymandias*）

中缓慢耐心的消亡过程。想要幸存下来只能依靠意外或者运气——比如伊普尔的那座十字架——或者失误。毁灭成了标准和惯例。小屋和村庄不再慢慢地败落腐朽——它们全被一扫而光。

为了写书，约翰·梅斯菲尔德在法国研究1917年3月的索姆河战役时对赛尔（Serre）的周边地区进行了如下描述：

> 皮开肉绽，满目疮痍，剥皮抽筋，生灵涂炭，所有村庄灰飞烟灭，再也没有活人能回忆起这里曾存在过一个村庄。

在巴比塞的《战火之下》中，当那一班士兵正在赶往苏谢（Souchez）的村庄时，叙述者忽然意识到他们已经到了苏谢：

> 实际上，我们从没有离开过这片平原，这片辽阔的平原，这片烧焦了、寸草不生的平原——但是，我们已经到苏谢了！
>
> 那个村庄已经消失了……甚至连墙根、篱笆或者门廊都没有留下。

1920年，斯蒂芬·格拉汉姆重访帕斯尚尔附近的战场遗址时发现了自我——或者更确切地说，是遗失了自我——就在巴比塞所说的一片“没了路标的平原”之上：分辨不出哪一堆废墟才属于赞沃德（Zandwoorde）的老教堂——得问问路才知道。似乎连砖头和石块都被一扫而光了。

谈起半个世纪后的同一块地方时，里昂·沃尔夫将毁灭的规模放入了它的历史背景中：“在下一场战争里，日本的两座城市被原子弹摧毁了；但是帕斯尚尔却从地球上被抹去了。”

丹尼斯·温特拒绝使用如此情绪化的措辞，他强调，索姆河向人们呈现的是更为彻底的毁灭感，这种效果甚至超过了比利时曾经带来的：“在战争的最后阶段，帕斯尚尔的航拍图里还有绿草甚至树木。但到了1916年的秋天，索姆河畔已经寸草不生了。”

帕斯尚尔、阿贝尔以及索姆的其他村庄都得到了重建，但凡尔登周围的村落里却再也没有村民回乡。弗勒里（Fleury）、杜奥蒙（Douaumont）和屈米埃（Cumières）都从地图上永远地消失了。

从大战的余烬之中，与废墟一同崛起的还有纳粹和阿尔伯特·斯佩尔（Albert Speer）的“废墟价值理论”。斯佩尔的废墟不是过去的残存，而是遥远未来的一部分——比千年帝国[①]还要长远的未来。在希特勒的狂热支持下，斯佩尔着手进行建筑设计，想要确保它的结构和材料能经得起千秋万代的衰朽。若是如此，在遥远的未来，德意志帝国的破碎砖墙和爬满常春藤的石柱将散发出伟大古迹典范的废墟之光。

在被占领的国家里，纳粹党人将大战的地毯式毁灭提升到了战略方针的高度。阿尔贝·加缪已经描写过了捷克村庄利迪策（Lidice）的命运了。房屋被烧成平地，男人被枪杀，女人和孩子被驱逐。之后，多个特别小组耗费数月的时间，利用炸药创造平坦的地形，炸毁每一块石头，填平村里的池塘，最后还改变了河道的方向……为了确保万无一失，墓地里的死人全被清空，免得他们会永生永世地提醒人们某些东西曾在这个地方存在过。

有了这样的毁灭，人们在战争纪念上投注的热情——热衷于修建纪念碑、记录死者的姓名——就更

---

① 千年帝国（thousand-year Reich）为德国纳粹对第三德国的称呼。

容易理解了。人类的悲剧造就了废墟，废墟又记录下了人类的悲剧，废墟在人类悲剧中的幸存能力可以让我们获得心安与慰藉。然而，由第一次世界大战首次见证的这场毁灭却是如此的彻底，似乎连毁灭的痕迹都被一并抹去了。人们或是被炸成碎片，或是被埋进烂泥里，村落也都消失了，了无踪迹。最后似乎只剩下了“一块吸收噪音的海绵，一片受难灵魂的地狱沼泽”。

士兵们离开这片毁踪灭迹的区域，回到了几乎不受战争影响的英国。在第二次世界大战中，闪电战让伦敦和其他主要城市满目疮痍、饱受蹂躏。而第一次世界大战过后，英国的建筑与景色却丝毫未变，只是各个地方都在空袭中受了些微损。除了伤员之外，这里没有任何战争发生过的迹象。辛西娅·阿斯奎思（Cynthia Asquith）在1918年10月写下的文字极具先见之明：

> 我在展望和平的时候揉起了眼睛。我想，面对和平将需要更多的勇气，比我们在过去失去的还要更多……人们最终都会彻底明白，战死的人并非只有在战争期间才是亡人。

仿佛曾有一场看不见的瘟疫扫荡了这个国家的男性人口——只不过没有尸体，没有葬礼，甚至都没有墓地。45岁以下的男性中有百分之十就这么消失了。

生活照旧继续。“我们并没有很想念那些没有回来的人，”阿肯菲尔德[①]（Akenfield）的当地人说，“这个村庄还是原样。”原来，这才是对这场战争所带来的人口学影响的精准分析：1921年全国人口普查结果的年龄分布曲线与1901年和1966年的“相差无几”。换句话说，从冰冷的人口数据来看，惨绝人寰的战争所带来的损失很快就被补上了。

那么，问题就在于如何向世人展示这些已逝之人的记忆——比如那些在人口数据中**不作数**的人。如何让世人看见这些看不见的伤亡？如何发挥废墟的作用？牵连了这个国家的最大悲剧似乎已经抹去了那些曾经发生过的故事，那我们又该如何将它们镌刻到阴魂难散的大地之上？再来读读欧文的《厄运青春之赞

① 阿肯菲尔德是个虚构的地名，出自罗纳德·布莱斯的作品《阿肯菲尔德：英国村庄图景》（*Akenfield: Portrait of an English Village*）。

歌》，这首诗细数死者被忘却的各种方式——“既无祈祷，也无钟声”——将他们的记忆铭刻在了各地的黄昏里。

阿多诺的《最低限度的道德》(*Minima Moralia*)中有一段在出版时被删减掉的文字，其中写道：“纳粹对犹太人的所作所为无可描述：语言中没有可以用于形容的词。”然而，“如果受害者……想要摆脱无人为他们思考的诅咒，他们就必须找到一个词。于是，在英文中，种族灭绝的概念就这样诞生了”。因此，阿多诺继续写道，“为了反抗，他们把无可描述的东西变成了可以度量的东西”。

大战中所发生的一切却无从度量。“恐怖”与“杀戮”已经成了快问快答的热门词汇；在情感与文采上更为精妙的则有欧文的“遗憾”。一波接着一波的文辞推敲却永远无法囊括所有生成这些词汇的体验——充满悖论的是，这就是诗歌的魅力之源：诗歌的呼喊是无法应答的。过去，在停战纪念日的两分钟默哀里，以及如今，在墓园的永恒寂静中，我们所听到的都是这一点。战争纪念就是用来承认和表达大战的不可度量性。

西部战线的部分区域已经被彻底破坏掉了，比如索姆河一带，所以法国政府计划将这些地方都变成国家森林。然而，停战之后，农民们很快就陆续地返回了他们以前的农场，还能享受三年租金全免的特权。战场恢复了平坦，战争的残骸与死尸也都被清理干净了；房屋在此重建。斯蒂芬·格拉汉姆的《亡者的质疑》提供了西部战线从战争过渡到和平的早期阶段的目击证词。他一次又一次地在旅途中碰到一堆堆从土里挖出来的士兵尸体。在这场死亡的收割中，重现生机的最初迹象只是把平淡无奇的沼泽变成了萧索破败的荒野，变成了既曾是史前又将是史后的风景：

> ……有些树还没死透，黑色的树干里冒出了绿芽，有些树则被彻底炸死了。再走一英里左右就看不到农舍和庄稼了，这就进入了可怕的帕斯尚尔战斗区，到处都是坑洞，全都缠着生锈的铁丝网——但如今，这里仿佛是在与大自然慌忙作战……沉沉的死气尚未挥发干净，还在灯芯草丛的下面烂成了黑腐的脓疮。三两成组的炮弹坑、焦黑的大地、巨大的地洞、坍塌的掩体，全都长满了高高的野花……

1917年，梅斯菲尔德给他的妻子写了一封又一封的书信，细细讲述了他在索姆河一带亲眼目睹的荒芜景象。虽然置身于难以想象的巨大毁灭之中，他还是预言道："当战壕填平，犁成农田，这片土地就不会再有战争的模样。"到了20年代末，事实证明他是对的。R. H. 莫特拉姆在战争结束二十年后故地重游，发现"过去的样子都消失了，无法挽回地消失了"。如果老兵们最初害怕的是这片地方难以重获活力，那么现在，他们则开始担心曾经发生过的一切难以留下足够的痕迹。维拉·布里顿（Vera Brittain）在1930年写道：大自然与时间共谋，企图欺骗我们的回忆；青草爬满了伊普尔的所有炮弹坑，勤劳的农夫用他精心培育的牧场代替了曾经扎满兵营的埃塔普雷（Etaples）和卡米耶（Camiers）。1918年大撤退的时候，我曾在那儿照料过伤兵。

卡尔·桑德堡（Carl Sandburg）的诗歌《草》（*Grass*）将这种大地复绿的巨大能力从焦虑之源转变成了宽慰之源。

将尸体高高堆在伊普尔和凡尔登。
铲他们进坑里，然后让我来发挥作用吧。

两年过后，十年过后，旅客问起乘务员：
此地是何处？
我们在何方？
我是青草，
让我来发挥作用吧。

黄黄绿绿的原野在完美的天色下不断绵延。我沿着小径走向矮丘顶上的小墓园。小径的旁边有一小堆锈迹斑斑的弹壳，看上去像是来自青铜器时代或者铁器时代的文物，要比城市和书本的历史更加久远。

就连青草都不能充分发挥作用，这些过去的痕迹被一劳永逸地埋进土里。“西部战线的农民修剪树木时总会弄坏锯子，”翁达杰的《英国病人》中有一个人物这样说道，“因为（第一次）世界大战将无数的弹片射进了树里。”每年犁地的时候，几具新的尸体都会被挖出来。每年，大卫·康斯坦丁（David Constantine）写道：

大地都会暴发湿疹，铁制的，
铅制的，还有人骨和可怜马儿的骨头制成的
湿疹……

寻踪索姆河

下午三点。烈日灼灼。最后一丝雾气在几个小时前就散去了。树木将天空的蓝揽到了身边。罂粟花给道路两旁的原野染上了一层朦胧的红。我脱下衬衫。我的帆布背包很快就被汗水浸透了。1916年7月1日的此时此刻，在同样晴朗炎热的天气里，20000名英国士兵战死沙场。另有40000人受伤或者失踪。

我朝蒂耶普瓦勒的纪念碑走去，觉得它近乎丑陋，它的笨重和巨大让方圆数英里的土地都只能臣服于它。

景点旁边的停车场里竖了块牌子，上面说这座纪念碑是立在神圣之地上的。为了努力维护这个地方的美丽与宁静，游客不可以携犬入内，不可以在此野餐。

这里别无他人。风儿在翠绿的树间飘过。绿与黑似乎是彼此的影子。草儿被修剪得很短，闪耀着明亮的绿色，颜色浓得像是经过了浓缩：像是把好几英寸的颜料压成了一厘米。我再也想象不到更美的地方了。

1917年4月28日，梅斯菲尔德在书信中如此描述他在此处亲眼看到的景象：

> 尸体、老鼠、旧罐头、步枪、炸弹、短腿、靴子、头骨、子弹、木头和锡和铁和石头的碎片、腐尸河烂头的碎块散落在各处。你再也想象不到更污秽邪恶的深渊了。

草地的边缘有一条弧形的石凳，我就坐在上面，望着英国和法国的国旗完美地飘扬在巨型纪念碑的顶端。有那么一刻，就连米字旗看起来也不丑了。

阳光灼烧着纪念碑高处的那一行字：献给在索姆河失踪的士兵。[①]

相较于它所纪念的那些失踪者，蒂耶普瓦勒纪念碑就立于此处，触手可及，无法失踪，无从怀念。[②]勒琴斯（Lutyens）将其设计为繁荣帝国的风格（如果

---

① “献给在索姆河失踪的士兵”原文为“the missing of the somme”，本书书名稍作意译。

② 既奇怪又合理的是，这座向“无法言语”致敬的纪念碑也无法摄影。没有哪张照片能传达出它的规模、它的匀称、它所带来的势不可当的感官体验。——原注

还有这样的风格的话），其中没有谦卑，没有后退，没有懊悔。

这座纪念碑是为了永恒而建的，将永远立于此地，毫无人类肉体的脆弱，也无制造伤害的可怕倾向。与它关系最紧密的就是大地。而不像大教堂，它们是与天空紧密联系在一起的。大教堂高耸入云，轻而易举地藐视重力的存在，让人彻底晕眩。优美（充满圣恩）的大教堂到达某个高度之后会消失于某个点，成为缥缈超凡的存在，与之不同的是，蒂耶普瓦勒纪念碑达到某个高度后就会拒绝去往更高的地方。它很固执，很自制。犹如战争中僵持的军队，就是要坚守自己的立场。

在另一种更广泛的意义上，纪念碑与大教堂之间的差异就更加显著了。勒琴斯按照自己的偏好剥去了纪念碑中的基督教象征；他觉得没必要放入宗教的符号。对于许多幸存的人来说，索姆河战役（在记忆中，这场战役代表了第一次世界大战最核心的体验与表达）终结了宗教的抚慰力量。“从那一刻起，”一名士兵谈起了第一天的战斗，“我的全部信仰都死了。我受过的所有教诲、我对上帝的所有信仰都离我而去，再也没有回来。”于是，在某种程度上，蒂耶普瓦勒纪念碑如果不是在悼念死者的话，那就一定是在悼念上帝的多余。曼宁的一段动人文字让人想到，这里纪念的是“虚幻天堂”的信仰：

> 这些表面上粗鲁野蛮的天性却带着一种柔软与圆滑，胜过了生活中的一切，抚慰了他们，激励了他们，让他们彼此与命运达成和解；他们一无所有；连肉身之躯也不属于他们，而是早就沦为了战争的工具。他们从生活的残骸与痛苦中来到了一座虚幻的天堂，又从虚幻的天堂走入了内心的缄默。他们被带到了希望的绝境，然而还是把手搭在彼此的肩膀上，用坚定热情的语气说一切都会好的，尽管他们已不再信仰任何东西，除了自己和彼此。我穿过草坪，沿着被纪念碑的阴影所覆盖的台阶拾级而上。大战纪念石旁留着不少花圈，红色花瓣在白色石头的映衬下鲜艳得发光。站在这里，我能看到纪念碑是建在十六根巨柱上的，它们聚在一起，形成了环环相扣的拱门；另外，它们都是由砖头砌成的。混凝土可以一口气浇筑，但是砖头必须一块一块地砌到十六根柱子的四个面上，就像失踪士兵的姓名也必须

一个一个地刻到白色石墙之上。（十六根支柱的设计大概是为了创造足够的表面空间来容纳所有的姓名，并且——不超过头高五英尺或者六英尺——能够方便人们读到所有的名字。）这里大多数的姓名都是按照军团排列的。盖姆（Game）·W 27466，盖姆·W 27448。名叫戴尔斯（Dyers）的也有好几个。高一点的地方有两块铭牌——一边的是法语，另一边的是英语——上面说，记录在此处的73077个人都在索姆河战役中失去了他们的生命，战争使他们没能享受到体面安葬的荣耀。

我记得约翰·伯格曾在一场讲座中说到，我们所处的世纪是个离别的世纪、迁徙的世纪、流离的世纪——消失的世纪。“人们无能为力地看着那些与自己亲近的他者消失于地平线的世纪。”如果真是如此，那么蒂耶普瓦勒的失踪士兵纪念碑就是在朝未来投射一道阴影，一道无限延伸的阴影，从大屠杀的死者延伸到集中营，以及那些在南美洲“消失了”的人。

在索姆河战役之前，军事灾难就已经发生过不少了，但是这些灾难——比如轻骑兵团进攻——只是在控诉个别的战略问题，而不是某个远大目标的一部分。第一次世界大战是场彻底浪费、徒劳无功的战争，这可是历史上的头一遭。如果20世纪正在道德与政治的问题上慢慢滑向严重的浪费，那么，人们也能够在索姆河一度遭到毁灭的景色中发现某种生态学的起源（在和平运动中表现得最为明显）。

这就是为什么我们这个世纪的诸多意义都在这里得到了纪念。蒂耶普瓦勒不只是在纪念，也是在预言，既关乎生，也关乎死：一座献给未来的纪念碑，献给这个世纪为活着的人所准备的未来，而这些人也将忍受岁月带来的磨难。

纪念碑的远侧有块不大的墓地。墓地边的牺牲十字架上如此写道：

世界将会牢记两百五十万名
士兵的共同牺牲
法兰西与大英帝国的士兵曾肩并肩地
倒在永远的战友情谊之中

墓地分成两半：一边是法国人的十字架，另一边是英国人的墓碑。在这里，连时间和沉默都坚持了立场。远方，有麦田、矮树篱和树木。我走过一排排的十字架，每个十字架上都写着一个词：姓名不详。一排接着一排。英国的这一边则是白色的墓碑：

大战中的

一名士兵

唯有上帝知其名

所有的墓前都放着花：焰火黄、粉红、大红、橘红。这么多的花我就只认识玫瑰；其他的都是陌生的，花名不详。

此处唯一的声音，来自嗡嗡的蜜蜂，还有阳光穿透树林，震动了绿绿的草丛。慢慢地，我发现蝴蝶们带活了一阵阵风。花丛间满是扑腾着的白色翅膀，还有赤蛱蝶披着铁锈红与黑色相间的伪装，像鬼魂一般悄无声息地飞舞着。我只记得某几种蝴蝶的名字，但是我知道在希腊语中，“psyche”这个词有“灵魂”和“蝴蝶”的双重含义。我坐下来观赏，却忽然意识到，眼前的这些正是躺在此处的无名死者的灵魂，他们挥舞着翅膀，飞舞在美好的风中。

当我动身前往博蒙特阿梅尔时已是傍晚了。我沿着小径走向矮丘顶上的小墓园。站在墓园门口，我能望见其他四座小墓园里的十字架。

园中的墓碑排成三排，面向东方。这里的地理位置堪称完美，连汽车的鸣笛声都不会来打扰。余晖洒在原野之上，柔美了一切。柔和而清晰，温润又明亮。我拿出了墓园的登记簿。里丹岭一号公墓：154名士兵长眠此地，73人姓名不详。我翻看着登记簿，夕阳让纸张散发出了与大战纪念石相同的颜色。

此处鲜有人来访：访客留言簿里的第一则留言写于1986年，最后一则写于十天之前。1988年8月18日，一位荷兰女孩在这里写下："皆因孤单。"

余晖，原野，其他墓园里的十字架。微风让纸页颤动在我的指尖之下。这座墓园正好与孤单相反：朋友们被一同埋于此地——那这奇怪的几个字到底是什么意思呢？我越是努力想要解读，它们就越是变得莫名其妙。直到我意识到自己真是大错特错了，居然在破解一个根本不存在的密码，我这才任由它们去了，不去打扰它们的神秘与力量；这几个字什么都说了，却也什么都没说。

紫色的云带开始向地平线绵延，霞光从云后喷涌而出。夕阳正在世界上最美丽的地方之一慢慢西落。

我从未感觉到如此平静。我情愿永远不走。

这样的感觉是如此强烈，我怀疑大自然中存在某种补偿性，某种平衡——罂粟花就是这种平衡的表现与象征——发生过可怕暴力的大地上有时会产生程度相当但意义相反的和平。在这个发生过屠杀的地方，人们开始友爱彼此，实现了加缪的伟大真理："人类身上的可敬之处要多于可鄙之处。"

站在这里，我知道此处的记忆永远都会让我身体内的某个部分得到宁静，它所依靠的正是这些墓园所揭示的无边的宽恕能力，正是这片景色。

这一刻，我是这个地球上唯一身在此处、心有此感的人。与此同时，还有一种感觉排山倒海般地向我袭来，那就是，我确信我在此处的存在改变不了任何事情；没有我，一切依旧还会是这副模样。

或许这才是那个"孤单"的含义——确信就算在你产生了最为崇高的情感时，你也不算什么（或许这恰恰才是情感最为崇高的时刻），因为这些事物永远都在这里：满是夏叶的黑暗树林，七十五年来从未改变过的昏暗光线，永远等待中的和平。

我离开里丹岭一号公墓时，天空中铺满了一道道深红色的条纹。我穿过昏暗的原野回到公路上。明天，一年后的此刻，一切依旧还会是这副模样：鸟儿扑腾着冲向地平线；血红色的天色里有三座十字架的轮廓；有个人正走在蜿蜒的小径上；远处的农舍亮起了灯——每一个缓慢的黄昏里都会有一扇百叶窗放下了卷帘。

精选参考书目

本书中引用到的书籍，若与第一次世界大战或与本书主题无实际联系的，则不在此列出；并非专门收录与此战相关诗歌的诗集，也不在此列出。这些书籍的具体信息已在注释中给出。除非另有说明，否则书籍出版地均为伦敦。

小说、回忆录、诗歌

Aldington, Richard, *Death of a Hero*, Hogarth, 1984.

Barbusse, Henri, *Under Fire*, trans. W. Fitzwater Wray, Dent, 1988.

Barker, Pat, *Regeneration*, Viking, 1991.

Barker, Pat, *The Eye in the Door*, Viking, 1993.

Blunden, Edmund, *Undertones of War*, Penguin, Harmondsworth, 1982.

Chapman, Guy, *A Passionate Prodigality*, Buchan & Enright, Southampton, 1985.

Faulks, Sebastian, *Birdsong*, Hutchinson, 1993.

Findley, Timothy, *The Wars*, Penguin, Harmondsworth, 1978.

Fitzgerald, F. Scott, *Tender is the Night*, Penguin, Harmondsworth, 1955.

Graham, Stephen, *The Challenge of the Dead*, Cassell, 1921.

Graves, Robert, *Goodbye to All That*, Penguin, Harmondsworth, 1960.

Gurney, Ivor, *Collected Poems*, ed. P. J. Kavanagh, Oxford University Press, Oxford, 1982.

Gurney, Ivor, *War Letters*, ed. R. K. R. Thornton, Hogarth, 1984.

Hemingway, Ernest, *A Farewell to Arms*, Penguin, Harmondsworth, 1935.

Hill, Susan, *Strange Meeting*, Penguin, Harmondsworth, 1989.

Hiscock, Eric, *The Bells of Hell Go Ting-a-ling-a-ling*, Arlington Books, 1976.

Isherwood, Christopher, *Lions and Shadows*, Hogarth, 1938.

Jones, David, *In Parenthesis*, Faber, 1987.

Manning, Frederic, *The Middle Parts of Fortune* (also

known as *Her Privates We*), Buchan & Enright, Southampton, 1986.

Owen, Wilfred, *Collected Poems*, edited with an introduction and notes by C. Day Lewis and a Memoir by Edmund Blunden, Chatto & Windus, 1963.

Owen, Wilfred, *Collected Letters*, edited by Harold Owen and John Bell, Oxford University Press, Oxford, 1967.

Owen, Wilfred, *The Complete Poems and Fragments*, 2 vols., edited by Jon Stallworthy, Oxford University Press, Oxford, 1983.

Remarque, Erich Maria, *All Quiet on the Western Front*, trans. A.W. Wheen, Picador, 1987.

Rosenberg, Isaac, *Collected Works*, Chatto & Windus, 1984.

Rouaud, Jean, *Fields of Glory*, trans. Ralph Manheim, Collins Harvill, 1992.

Sassoon, Siegfried, *Siegfried's Journey 1916–1920*, Faber, 1945.

Sassoon, Siegfried, *Collected Poems 1908–1956*, Faber, 1961.

Sassoon, Siegfried, *The Complete Memoirs of George Sherston*, Faber, 1972.

Sassoon, Siegfried, *Diaries 1915–1918*, ed. Rupert Hart-Davis, Faber, 1983.

Toynbee, Philip, *Friends Apart*, MacGibbon & Kee, 1954.

历史记录与文化研究

Anderson, Benedict, *Imagined Communities*, Verso, 1983.

Babington, Anthony, *For the Sake of Example*, Leo Cooper/ Secker & Warburg, 1983.

Bergonzi, Bernard, *Heroes' Twilight*, Constable, 1965.

Bond, Brian (ed.), *The First World War and British Military History*, Oxford University Press, Oxford, 1991.

Boorman, Derek, *At the Going Down of the Sun: British First World War Memorials*, Sessions, York, 1988.

Borg, Alan, *War Memorials*, Leo Cooper, 1991.

Brownlow, Kevin, *The War, the West and the Wilderness*, Secker & Warburg, 1979.

Bushaway, Bob, 'Name upon Name: The Great War

and Remembrance', in Roy Porter (ed.), *Myths of the English*, Polity, Cambridge, 1992.

Cannadine, David, 'Death, Grief and Mourning in Modern Britain', in Joachim Whalley (ed.), *Mirrors of Mortality*, Europa, 1984.

Capa, Robert, *Photographs*, edited by Richard Whelan and Cornell Capa, Faber, 1985.

Carmichael, Jane, *First World War Photographers*, Routledge, 1989.

Clark, Alan, *The Donkeys*, Pimlico, 1991.

Compton, Ann (ed.), *Charles Sargeant Jagger: War and Peace Sculpture*, Imperial War Museum, 1985.

Coombs, Rose E. B., *Before Endeavours Fade*, After the Battle Publications, 1976.

Eksteins, Modris, *Rites of Spring*, Bantam, 1989.

Elsen, Albert E., *Modern European Sculpture 1918–1945: Unknown Beings and Other Realities*, Braziller, New York, 1979.

Ferro, Marc, *The Great War*, Routledge, 1973.

Foot, M. R. D., *Art and War*, Headline, 1990.

Fussell, Paul, *The Great War and Modern Memory*,

Oxford University Press, Oxford, 1975.

Fussell, Paul, *Thank God for the Atom Bomb and Other Essays*, Ballantine, New York, 1990.

Garrett, Richard, *The Final Betrayal*, Buchan & Enright, Southampton, 1989.

Harries, Meirion and Susie, *War Artists*, Michael Joseph, 1983.

Hibberd, Dominic, *Wilfred Owen: The Last Year*, Constable, 1992.

Horne, Alistair, *The Price of Glory: Verdun 1916*, Penguin, Harmondsworth, 1964.

Hurd, Michael, *The Ordeal of Ivor Gurney*, Oxford University Press, Oxford, 1978.

Hynes, Samuel, *A War Imagined: The First World War and English Culture*, Bodley Head, 1990.

Hynes, Samuel, *The Auden Generation*, Pimlico, 1992.

Keegan, John, *The Face of Battle*, Cape, 1976.

Kern, Stephen, *The Culture of Time and Space 1880–1918*, Harvard University Press, Cambridge, 1983.

Larkin, Philip, *Required Writing*, Faber, 1983.

Leed, Eric J., *No Man's Land: Combat and Identity in*

World War 1, Cambridge University Press, Cambridge, 1979.

Liddell Hart, B. H., *History of the First World War*, Cassell, 1970.

Longworth, Philip, *The Unending Vigil*, Constable, 1967.

Macdonald, Lyn, *They Called It Passchendaele*, Michael Joseph, 1978.

Macdonald, Lyn, *The Roses of No Man's Land*, Michael Joseph, 1980.

Macdonald, Lyn, *Somme*, Michael Joseph, 1983.

Macdonald, Lyn, *1914*, Michael Joseph, 1987.

Middlebrook, Martin, *The First Day on the Somme*, Penguin, Harmondsworth, 1984.

Middlebrook, Martin and Mary, *The Somme Battlefields*, Viking, 1991.

Moeller, Susan, *Shooting War*, Basic Books, New York, 1990.

Mosse, George, *Fallen Soldiers: Reshaping the Memory of the World Wars*, Oxford University Press, Oxford, 1990.

Orwell, George, *The Collected Essays, Journalism and Letters*, Volume 1, Penguin, Harmondsworth, 1970.

Parker, Peter, *The Old Lie: The Great War and the Public School Ethos*, Constable, 1987.

Pick, Daniel, *War Machine: The Rationalisation of Slaughter in the Modern Age*, Yale University Press, New Haven, 1993.

Putkowski, Julian, and Sykes, Julian, *Shot at Dawn*, revised edn, Leo Cooper, 1992.

Robbins, Keith, *The First World War*, Oxford University Press, Oxford, 1984.

Scarry, Elaine, *The Body in Pain*, Oxford University Press, Oxford, 1985.

Silkin, Jon, *Out of Battle*, 2nd edn, Ark, 1987.

Stallworthy, Jon, *Wilfred Owen*, Oxford University Press, Oxford, 1974.

Symons, Julian (ed.), *The Essential Wyndham Lewis*, André Deutsch, 1989.

Taylor, A. J. P., *The First World War*, Penguin, Harmondsworth, 1966.

Terraine, John, *The First World War 1914–18*, Macmillan, 1984.

Viney, Nigel, *Images of Wartime*, David & Charles,

Newton Abbot, 1991.

Virilio, Paul, *War and Cinema*, trans. Patrick Camiller, Verso, 1989.

Warner, Philip, *Field Marshal Earl Haig*, Bodley Head, 1991.

Whelan, Richard, *Robert Capa: A Biography*, Faber, 1985.

Williamson, Henry, *Wet Flanders Plain*, Gliddon, Norwich, 1989.

Wilson, Trevor, *The Myriad Faces of War*, Polity, Cambridge, 1986.

Winter, Denis, *Death ' s Men*, Penguin, Harmondsworth, 1979.

Winter, Denis, *Haig's Command*, Viking, 1991.

Wolff, Leon, *In Flanders Fields*, Penguin, Harmondsworth, 1979.

Young, James E., *The Texture of Memory: Holocaust Memorials and Meaning*, Yale University Press, New Haven, 1993.

选集

Fussell, Paul, *The Bloody Game*, Scribners, 1991.

Gardner, Brian, *Up the Line to Death*, revised edn, Methuen, 1976.

Glover, Jon, and Silkin, Jon, *The Penguin Book of First World War Prose*, Penguin, Harmondsworth, 1989.

Macdonald, Lyn, *1914–1918: Voices and Images from the Great War*, Michael Joseph, 1988.

Silkin, Jon, *The Penguin Book of First World War Poetry*, 2nd edn, Penguin, Harmondsworth, 1981.

Stallworthy, Jon, *The Oxford Book of War Poetry*, Oxford University Press, Oxford, 1988.

Vansittart, Peter, *Voices from the Great War*, Cape, 1981.

更新参考书目

自《寻踪索姆河》1994年出版以来，第一次世界大战重新激发了大家的兴趣。此后，许多书籍随之出版，我读了一部分，并推荐以下几本：

Arthur, Max (ed.), *Forgotten Voices of the Great War*, Ebury Press, London, 2002.

Bourke, Joanna, *Dismembering the Male: Men's Bodies, Britain and the Great War*, Reaktion, London, 1996.

Davis, Wade, *Into the Silence: The Great War, Mallory and the Conquest of Everest*, Bodley Head, London, 2011.

Englund, Peter, *The Beauty and the Sorrow: An Intimate History of the First World War*, Profile, London, 2011.

Fergusson, Niall, *The Pity of War*, Allen Lane, London, 1998.

Hochschild, Adam, *To End All Wars: How the First World War Divided Britain*, Macmillan, London, 2011.

Keegan, John, *The First World War*, Hutchinson, London, 1998.

Stamp, Gavin, *The Memorial to the Missing of the Somme*, Profile, London, 2006.

Stevenson, David, *1914–1918: The History of the First World War*, Allen Lane, London, 2004.

Stone, Norman, *WW1: A Short History*, Allen Lane, London, 2007.

Winter, Jay, Sites of Memory, *Sites of Mourning: The Great War in European Cultural History*, Cambridge University Press, Cambridge, 1995.

致　谢

向我的朋友保罗·博纳文图拉、克里斯·米切尔和马克·海赫斯致以最真挚的感谢。他们阅读了本书的初稿并提供了许多有用的建议（尤其感谢马克，要不是他快速反应，我们可能就会因为保罗的飙车而命丧佛兰德斯）。

感谢《时尚先生》《独立报》《观察家报》和《新政治家与社会》的编辑给我空间尝试一些章节的草拟版本。还有帕特里克·厄尔利，让我有幸在威尔弗雷德·欧文及贝尔格莱德的所有地方演讲。还有大卫·邦特对那次演讲的积极响应。

感谢来自巴黎的伊恩·沃森提供的鼓励与尖锐的建议，杰里米·杨的照片，简·普格借用的相册。同时也感谢谢德拉·哈迪、查尔斯·德拉辛和亚历山德·普林格。

我还要感谢凯·布伦德尔基金会，他们提供的奖金使我得以完成手稿创作。

最后感谢约翰·伯格对我的慷慨相助，感激之情，无以言表。